유튜브와 K-콘텐츠
레볼루션

유튜브와 K-콘텐츠 레볼루션

초판 1쇄 발행일 2019년 7월 1일

지은이 | 대중문화연구회 지음
펴낸곳 | 도서출판 작은우주
펴낸이 | 윤석진
총괄영업 | 김승헌
디자인 | 디자인 봄바람
출판등록일 | 2014년 7월 15일(제25100-2104-000042호)
주소 | 서울특별시 마포구 월드컵로4길 77. 3층 389호(동교동 ANT빌딩)
전화 | 070-7377-3823
팩스 | 0303-3445-0808
이메일 | book-agit@naver.com
정가 | 13,800원

ISBN 979-11-8731-023-5 03320

YOUTUBE
K★CONTENTS
REVOLUTION

유튜브와 K-콘텐츠
레볼루션

대중문화연구회 지음

거인의 어깨 유튜브에
올라탄 K-콘텐츠

유튜브는 당신(You)과 텔레비전(Tube)을 결합한 단어로 이용자들이 콘텐츠를 스스로 실시간 업로드하고 동시에 회원 가입 없이 콘텐츠를 검색, 시청할 수 있는 무료 동영상 공유 서비스로 시작되었다.

최초의 동영상은 2005년 4월 23일 〈동물원에서(Me at the zoo)〉로 유튜브 공동 창립자 자웨드 카림(Jawed Karim)이 업로드한 짧은 영상이다. 이 19초짜리 동영상은 중간에 "염소 소리 들려요?(Can you hear the goat? MEEEEEEEEEEEH!!)"라는 말이 재미를 더할 뿐, 별다른 특색이 없었다.

잠시 유튜브의 발전 과정과 특징을 살펴보자. 유튜브가 현 시점 최대 동영상 공유 사이트인 것은 분명하지만 최초의 동영상 공유 사이트는 아니다. 유튜브 이전에 이미 동영상 공유 사이트는 세상에 존재했다. 최초의 동영상 공유 사이트는 1997년 체이스 놀린(Chase Norlin)이 만든 '셰어유어월드닷컴(shareyourworld.com)'으로 다양한 비디오 파일 포맷을 사용자들이 업로드하고 공유하게 해주는 서비스였다.

유튜브가 최대 동영상 공유 사이트로 발전할 수 있었던 주요 성공요인을 분석하자면 그 당시 대부분의 유사 사이트가 유료였지만 유튜브는 500메가바이트 용량을 제한 없이 무료로 사용할 수 있다는 점 덕분이었다. 대용량을 자랑하던 다른 호스팅 서비스도 겨우 수십 메가바이트만 허용했다는 점을 생각하면, 유튜브의 선택은 대단히 파격적이었다.

유튜브 이전 많은 사람이 애용했던 비디오 애드온(Videoaddon)이라는 플랫폼에서 100메가바이트를 이용하려면 연간 39.99달러를 지불해야 했던 것을 감안하면 초기 유튜브의 비용 경쟁력을 알 수 있다. 이는 짧은 동영상의 공유뿐만 아니라 개인 동영상의 분류와 저장까지 가능하게 해 콘텐츠의 양적 증가를 부추겼다.

유튜브는 초국적 기업이자 최대의 검색 포털 서비스를 구글이 운영하는 영상 콘텐츠 플랫폼이다. 그리고 매일 수만의 영상 콘텐츠가 업로드되고 있고, 소비된다. 유튜브는 이제 단순한 하나의 플랫폼이 아닌 우리의 삶을 추동하는 장치로서 기능한다.

유튜브는 이 외에도 다른 플랫폼과 여러 차별성을 지녔다. 방대한 영상을 어디서나 손쉽게 검색하게 하는 태그(Tag) 기능을 지원했으며 동영상으로 서로 커뮤니케이션하는 공유 기능까지 탑재했다. 무엇보다도 여타 동영상과는 다르게 광고를 자제했으며 저작권 보호 대책이 비교적 까다롭지 않았다.

현재 유튜브는 단순히 동영상 공유 사이트 차원을 넘어 거대 플랫폼으로 자신들만의 생태계를 만들어가고 있으며, '유튜버' 혹은 '크리에이터'라 불리는 전문 유튜브 영상 제작자와 이들을 관리하는 연예인 엔터테인먼트 회사와 유사한 MCN 사업도 활발해졌다. 과거 TV가 처음 등장했을 때 현대의 일상이 TV 앞으로 이동했던 것처럼 이제 사람들은 컴퓨터와 스마트폰을 통해 유튜브 앞으로 자리를 옮겼다. 유튜브는 인터넷에 접속하는 모든 이들과 실시간으로 영상 콘텐츠, 정보를 공유하며 영향력을 행사한다. 이러한 환경에서 '유튜브 플랫폼으로 K-콘텐츠 들여다보기'는 우리나라의 모든 개인과 기업에게 매우 중요한 일일 것이다.

그렇다면 유튜브 플랫폼에서 K-콘텐츠가 생산되고 소비된다는 것은 무엇을 의미하고 어떠한 특징을 가졌을까? 이러한 물음에서 먼저 생각해 보아야 할 것이 유튜브가 글로벌 네트워크이며, 접속한 이들이 상호작용할 수 있다는 점이다. 유튜브는 영상을 업로드하고 구독과 댓글을 다는 영상 콘텐츠 전문 플랫폼이다. 이곳에서는 모두가 생산자, 소비자가 될 수 있다. 심지어 이제는 단순히 편집된 영상뿐만이 아니라 생방송 형식의 라이브 스트리밍까지 할 수 있다.

이러한 특징이 기존의 한류와 다른, 새로운 한류 양상을 만들어내었다. 먼저 K-콘텐츠는 한국의 제작사 혹은 기획사에서 제작된 영상이 특정 나라에 판매되어 공개되는 형식을 넘어섰다. 이제 K-콘텐츠의 생산과 소비는 동시적이고 즉발적이다. 그렇기 때문에 한국에 대해서 아무것도 몰랐던 알래스카 마을의 한 소녀가 인터넷을 통해 K-콘텐츠를 접하고 한국에 관심을 가지게 되어 한국으로 유학을 오는 경우가 생기는 것이다. 우연찮게라도 인터넷에 접속하여 K-콘텐츠를 소비할 수 있게 되었다.

K-콘텐츠의 생산자 구분도 모호해졌다. 이는 단순히 유튜브나 한류에 국한된 현상은 아니며, 현재 다양한 문화콘텐츠 분야 혹은 생산 분야에서 이루어진다. 특히 글로벌 네트워크를 중심으로 한 시장이라는 점이 그러한 현상을 가속화시키고 있다.

이 책은 현재 전 세계적으로 가장 강력한 동영상 플랫폼으로 자리 잡고 있는 유튜브가 국내에 어떤 영향을 끼치며 어떻게 변화되고 있는지 각 분야별로 K-콘텐츠 사례를 들어 정리하였다. 이 책을 통해 개인과 기업이 유튜브라는 거인의 어깨 위에 올라서서 더 많은 기회를 얻으려면 어떻게 해야 할지 분석하기를 바란다.

2019년 6월,

대중문화연구회

제3장

이미지를 먹는다, 먹방 콘텐츠

YOUTUBE
K★CONTENTS
REVOLUTION

| 제 1 장 |

유튜브 K-팝,
한류를 이끌다

K-팝의
태동과 성장

유튜브와 K-팝은 서로로 인해 전환점을 맞이했다. 우리가 유튜브 한류라고 하면 바로 떠올리는 것이 싸이의 〈강남스타일〉이다. 싸이의 영상으로 인해 K-팝과 유튜브의 흐름에 변화가 생겼다. 유튜브 조회수 시스템은 싸이의 〈강남스타일〉 뮤직비디오 전까지는 21억 4,748만 3,647건까지만 카운팅이 가능했다. 그러나 싸이 영상의 인기로 이 숫자가 넘어가게 되면서 시스템이 변했다. 이후 더 많은 조회수를 기록하는 영상이 생겼지만 지금까지도 싸이의 〈강남스타일〉은 상위권에 자리하고 있다.

그렇다면 어떻게 전 세계의 콘텐츠들이 못해낸 것을 한국의 콘텐츠가 해낸 것일까? K-팝이 무슨 매력을 지녔기에 세계적인 관심을 유발해냈을까? 많은 학자와 관련 분야 전문가는 다양한 근거를 제시하며 K-팝을 분석하고 있다. 현재 K-팝 한류에 어떤 현상이 일어나고 있는지 알아보고 이 현상이 가지는 의미와 앞으로 K-팝 한류가 나아가야 할 방향을 고민해보자.

K-팝 용어의 시작은
2000년대 중반부터

★

'K-팝'이라는 용어가 통용된 시기는 한국 음악이 타국에서 인지도를 쌓기 시작한 2000년대 중반으로 볼 수 있다. 이때부터 한국의 대중음악을 통틀어 K-팝이라고 부르게 되었다. 한류는 한국과 지리적으로 가까운 중국, 일본을 중심으로 기존의 대중매체와 같은 전통적인 플랫폼을 통해 불씨가 타올랐다. 이후 신한류 시대라고 불리는 2010년대 초반에서 현재는 디지털 기기 기반의 뉴미디어 플랫폼을 통해 범위를 점차 확장시켜 나가고 있다.

뉴미디어 플랫폼 중 특히 유튜브는 K-팝과 밀접한 상관관계를 가진다. 유튜브는 타 국가의 영상을 쉽게 접할 수 있는 대표적인 플랫폼이다. 유튜브의 영상은 극단적인 예외를 제외하고 인터넷이 연결되는 어느 국가에서나 매일 수없이 재생되고 있다. 유튜브는 한국 문화에 쉽게 접근할 수 있는 근방 국가와는 다르게 물리적 거리, 문화적 차이가 확연한 유럽, 미주 대륙 국가에서의 한류 확산에 중요한 역할을 하였다. 한국의 콘텐츠는 이와 같은 온라인 매체 덕분에 초국가적으로 소비될 수 있었다. 이처럼 유튜브와 K-팝 한류는 떼려야 뗄 수 없는 사이다.

K-팝이 각국 마니아 팬을 넘어서 더 많은 국가의 대중들에게 알려진 계기는 앞에서도 말했듯이 유튜브에 올라온 싸이의 〈강남스타일〉 뮤직비디오다. 이 영상으로 편향적이었던 K-팝 향유자의 범위가 넓어졌다. 유튜브 발 싸이 신드롬은 빌보드 메인 차트 2위, 미국 유명 회사와의 계약, 2012년 12월 31일 뉴욕 타임스퀘어 카운트다운 공연과 같은 성과를 이뤄냈다. K-팝 한류는 2012년에서 2013년까지 싸이가 반짝 이슈몰

이를 한 이후 잠시 정체기를 거쳤지만 방탄소년단으로 다시금 신드롬을 일으키고 있다.

K-팝을 바꾼 혁명,
유튜브 레볼루션

★

이제 한국의 엔터테인먼트 회사는 유튜브가 가진 이점을 활용하기 위해 전력을 다해 K-팝 영상을 제작한디. 비단 음악 영상뿐만 아니라 다방면의 모습을 엿볼 수 있는 다양한 영상을 만든다.

로버트 킨슬(**Robert Kyncl**)과 마니 페이반(**Maany Peyvan**)은 2017년 펴낸 저서 《유튜브 레볼루션(**Streampunks**)》에서 "시청자들이 유튜버의 실제 모습을 잘 알고 있는지, 그 모습을 얼마나 좋아하는지에 따라 성공이 판가름 난다"라고 했다. K-팝 아티스트들도 과거 음악, 무대 영상에서만 모습을 보이는 콘셉트에서 벗어나 친근한 일상과 다양한 콘텐츠로 수용자들에게 다가가고 있다. 방탄소년단은 유튜브 방탄TV 채널에서 '방탄 밤(**BANGTAN BOMB**)', '번 더 스테이지(**BURN THE STAGE**)'를, 블랙핑크는 '블핑하우스', 아이유는 'IU TV', 아이콘은 '아이콘 TV(**iKON TV**)'를 통해 뮤직비디오 촬영 비하인드, 연습 영상, 평상시 모습 등을 공개한다.

K-팝 콘텐츠 수용자들은 유튜브를 통해 K-팝을 적극적으로 즐긴다. 2013년에 실시된 〈유튜브 뮤직 어워드(YouTube Music Award)〉에서는 세계적인 아티스트 레이디 가가, 저스틴 비버를 제치고 소녀시대의 〈I Got A Boy〉가 올해의 비디오 상을 차지했다. 이 상은 해당 영상의 조회수와 좋아요 수 그리고 인터넷 투표로 결정되기에 온전히 팬들의 힘으로만 수상했음을 알 수 있다.

유튜브 크리에이터가 만드는
새로운 한류

★

K-팝 수용자들은 관련 영상을 시청하며 즐기는 것에서 나아가 K-팝을 소재로 새로운 콘텐츠를 만들어나가고 있다. 이제는 직업으로까지 발전한 '유튜브 크리에이터'들이 만들어내는 K-팝 영상 콘텐츠가 더 큰 한류를 이끌고 있다. K-팝 유튜브 크리에이터들의 제작물은 다른 국가의 음악 콘텐츠보다 더 체계적이고 양도 많다.

유튜브에서는 일방적으로 받기만 하는 것이 아니라 스스로 생산자가 되어 콘텐츠를 만들어가는 현상이 붐을 일으키고 있다. 수용자와 생산자의 경계가 모호해진 것이다. 이러한 현상은 뉴미디어의 도래와 함께 시작되었다. 뉴미디어는 매스미디어가 아니라 전통 매체에 얽매이지 않고 개인이 중심이 되는 새로운 미디어의 개념이다. 기본적으로 상호 커뮤니케이션이 가능한 가상공간에서 이용자의 참여를 기반으로 하기에 탈지역화되어 나타난다. 뉴미디어로 대표되는 유튜브는 2005년 등장해 빠른 성장을 이뤄내어 2018년 7월 기준 전 세계 19억 명 이상의 사람들이 이용하는 거대 플랫폼이 되었다.

K-팝 콘텐츠 크리에이터들의 활동 또한 이러한 흐름과 함께 시작되었다. 유튜브에서 미디어를 만들어내는 K-팝 콘텐츠 크리에이터들은 엔터테인먼트 기획사에서 제공한 K-팝 영상을 활용해 다시 새로운 콘텐츠를 생산, 유통하여 불특정 다수가 향유하도록 한다. 이들은 다양한 국적에 서로 다른 물리적 지역에 존재하지만 유튜브라는 가상공간에서 공존한다. 즉 K-팝 콘텐츠 크리에이터들은 K-팝이라는 하나의 소재를 두고 국가를 초월하여 상호소통하고 있다.

이중 가장 양이 많고 인기 있는 것이 K-팝 커버댄스, 리액션 영상이다. K-팝 유튜브 크리에이터들은 K-팝 영상을 보고 춤을 따라 추거나 영상에 반응하는 것을 촬영하여 업로드한다.

K-팝 유튜브 크리에이터들의 이런 행위는 일종의 '놀이'에 해당한다. 요한 하위징아(Johan Huizinga)는 놀이란 "어떤 것을 얻기 위해 경쟁을 하는 재미 혹은 어떠한 것을 재현하는 재미를 느끼기 위해 하는 행위"라고

말했다. 특히 "놀이는 특정 이미지의 활용에 바탕을 둔 것 혹은 현실의 특정 이미지 만들기에 바탕을 둔 것"이라고 하면서 놀이를 '이미지 활용'과 '이미지 만들기'라고 특정 지었다. K-팝 유튜브 크리에이터들은 K-팝 영상의 모습을 따라 한다든지 K-팝의 이미지를 활용하여 새로운 콘텐츠를 만들어낸다. 또한 하위징아는 놀이를 문화보다 더 오래된 것으로 보았으며 문화의 토대라고 설명했다. 즉 놀이는 하나의 문화를 만들어낸다. 이를 K-팝 유튜브 크리에이터에게 대입해보면 이들의 행위는 하나의 문화를 만들어냈으며, 그들만이 아닌 전 세계 유튜브 이용자들에게도 즐거움을 주고 있다.

덧붙여 하위징아는 놀이하는 인간을 '호모 루덴스(Homo-Ludens)'라 했다. "지난 여러 해 동안 문명이 놀이 속에서(in play), 그리고 놀이로써(as play) 생겨나고 또 발전해왔다"라고 하며 합리적 생각을 하는 인간인 '호모 사피엔스(Homo Sapiens)', 물건을 만들어내는 '호모 파베르(Homo Faber)'와 같은 인류 지칭 용어로서 호모 루덴스를 고안해냈다.

현대의 호모 루덴스는 놀이의 도구로 디지털 플랫폼을 이용한다. 유튜브 크리에이터들을 디지털 호모 루덴스라 할 수 있는데 이들은 인터넷, 디지털 플랫폼에서 남의 놀이를 지켜보는 수동적인 대상으로 남지 않고 적극적으로 놀이에 참여하여 광범위하고 신속하게 재창조와 변용을 시도하고 있다. K-팝 관련 영상을 만들어내면서 그들만의 놀이를 즐기고 공유하는 것이다.

특히 해외 K-팝 유튜브 크리에이터이자 K-팝 팬들은 한국의 팬들처럼 국내에서 진행되는 방송, 콘서트, 팬 사인회를 접하기 힘들기 때문에 유튜브를 소통의 창구로 이용하며 욕구와 결핍의 해소로 '놀이'를 택한 것이다. 뿐만 아니라 유튜브 광고 수익으로 상당한 수익을 창출하기에 이들은 "놀면서 돈 번다, 팬질하면서 돈 번다"는 말까지 듣는다. 이러한 유튜브 크리에이터들은 어떻게 활동하고 있을까?

K-팝 커버댄스로
불을 지피다
★

K-팝 댄스를 커버하는 현상은 동남아 지역에서 시작되어 이제는 중앙아시아, 중동, 유럽 그리고 미주 지역 국가에서도 활발하게 이루어진다. 초기에는 단순히 K-팝 커버댄스 영상을 찍어 유튜브에 올리는 방식이었는데 이제는 각국에서 K-팝 커버댄스 대회가 매년 개최될 만큼 활성화되었다. 현재 유튜브 내 K-팝 커버댄스와 관련된 주요 키워드는 'K-팝 랜덤 댄스(K-pop Random Dance)'와 'K-팝 인 퍼블릭(K-pop in Public)'이다.

K-팝 랜덤 댄스는 랜덤으로 나오는 K-팝 음악에 맞춰 안무를 따라 하

| 사진 1 | '퇴경아 약 먹자'의 KCON 2018 LA 랜덤 댄스 영상

는 것인데 KCON 2018 LA에서의 랜덤 댄스 영상을 찍어 올린 '퇴경아 약

먹자'라는 유튜버의 영상이 가장 조회수가 높다. 다양한 K-팝 음악이 나오

는데 안무를 아는 음악이면 뛰어 나가서 춤을 추는 방식으로 진행된다. 전

문 댄서가 아닌 수많은 K-팝 팬들이 커버댄스를 추는 모습을 볼 수 있다.

'K-팝 인 퍼블릭'은 K-팝 댄스를 연습한 뒤 K-팝 스타같이 의상을 입

고 메이크업을 하고 버스킹 영상을 찍는 것이다. 이렇게 버스킹 공연을 하

는 유튜버들은 팀을 이루어 지속적으로 활동한다. 심지어 팬이 생길 정도

로 인기가 많은 팀도 있다. 마치 K-팝 가수가 된 것마냥 춤 동작과 표정 모

두 능숙하다. 또한 유튜브에 'K-pop challenge'라는 타이틀로 영상을 업로

드하는데 이것이 그들 사이에서는 일종의 도전으로 여겨진다.

유튜브에 J-팝, C-팝, T-팝과 같이 다른 국가 음악의 커버댄스도 존재하지만 K-팝 커버댄스가 독보적인 양으로 업로드된다. 새로운 K-팝 뮤직비디오가 나오면 곧바로 유튜브에 커버댄스 영상이 올라오기도 한다. 이 현상의 특이점은 영미의 팝, 라틴음악과는 다르게 음악 향유를 넘어서 춤을 따라 추고 공유한다는 것에 있다.

우리는 K-팝으로 불리는 한국의 가요가 빌보드 차트 상위권에 랭크된 음악들과 별반 차이가 없다는 말을 하곤 한다. 가사만 영어로 바꾸면 영미 팝과 비슷한, 한국 고유의 것이 아니라 세계적인 흐름에 속한 음악이라는 것이다. 다수의 외국 작곡가가 K-팝 작곡에 참여하고 있기도 하다.

그러나 K-팝에서는 가사, 리듬, 멜로디와 더불어 춤(안무)이 중요한 요소로 작용한다. 하나의 곡마다 포인트가 되는 춤이 가미되어 팬들이 이를 따라 추고 공유하는 것이다. 가사의 의미는 알 수 없지만 보편적인 리듬과 멜로디를 가진데다 전문적이지만 따라 추기 쉬운 춤이 있어 유튜브에 다른 국가의 음악보다 K-팝 커버댄스 영상이 많다.

또한 커버댄스는 팬들만의 문화가 아니다. 신인 K-팝 가수의 홍보 전략으로도 활용된다. 2018년 5월 데뷔한 아이돌은 홍대와 뉴욕에서 커버댄스를 선보이고 촬영하여 유튜브에 공유하였다. 특히 뉴욕에서는 지금 이슈몰이 중인 방탄소년단의 댄스를 커버함으로써 방탄소년단 신드롬에 편승하고자 했다. 이 그룹뿐만 아니라 이전부터 많은 신인 아이돌 그룹이 정식 데뷔하기 전에 사람들 앞에서 빈번하게 커버댄스를 췄다. 이미 인기 있는 K-팝 가수의 춤을 커버해 대중의 시선을 끌어 홍보하는 전략을 구사하고 나아가 이를 유튜브에 올려 국내뿐만 아니라 해외 유튜브 유저에게도 자신을 알린다.

남들이 즐기는 것을 즐긴다,
K-팝 리액션 콘텐츠

★

유튜브에는 한국의 다양한 소재를 대상으로 한 외국인 리액션 영상이 올라온다. 그중 K-팝 리액션 영상이 가장 대표적이다. 여러 국가의 한류팬이 이러한 영상을 만들어내는데 한국에서는 'K-팝 해외 반응'이라는 타이틀로 이슈가 되고 있다.

이는 1차적으로 엔터테인먼트 회사에서 만든 콘텐츠에서부터 시작된다. 수많은 사람이 이용하는 글로벌 거대 플랫폼 유튜브에서 클릭 한 번으로 1차 영상을 접할 수 있고 이를 통해 2차, 3차 영상이 만들어진다. 특별할 것 없이 원본 영상을 작은 화면으로 배치해두고 그 영상에 대한 자신들의 반응을 촬영한 것에서부터 원본 영상에 글 하나만 추가시킨 것까지 모두 또 다른 K-팝 콘텐츠가 된다.

다시 말해 이러한 콘텐츠를 만들어내는 데는 어려운 조건이나 자격이 필요 없고 손쉽게 생성과 공유가 반복된다.

해외 리액션 영상을 살펴보면 음악뿐 아니라 춤, 스타일, 뮤직비디오 영상미에 대한 반응이 큰 비중을 차지한다. 앞서 언급한 것처럼 음악은 익숙하기 때문에 다른 부분에 초점을 맞추게 되는데 이렇게 시각적인 것들을 모두 해외에서는 한국의 문화로 인식한다. 지금 한국에서 유행하는 하나의 문화코드라 여기는 것이다. 기획사는 뮤직비디오 촬영을 할 때 의상은 물론 배경에도 많은 공을 들이는데 각각의 가수마다 콘셉트를 달리하여 특징을 심는다. 그렇기 때문에 기획사마다의 스타일이 구분되어 SM 스타일, YG 스타일 같은 말이 나온다. 이처럼 K-팝 리액션은 영상에 나타나는 한국의 이미지를 소비하며, 이 이미지에 대한 자신의 감정과 생각을 표

| 사진 2 | 어르신들의 BTS 뮤직비디오 리액션

현한다.

이렇게 만들어진 영상 중 조회수가 높은 콘텐츠는 '아일랜드 사람이 K-팝을 처음 보다(Irish People Watch K-Pop For The First Time)', '내가 처음 듣는 K-팝(Mi primera vez escuchando K-POP)'과 같이 제목에 '처음 접한'이라는 문구가 많다. 방탄소년단 영상에 대한 어르신들의 반응을 촬영한 영상 또한 'K-팝을 처음 접하는 어르신들의 리액션'을 소재로 삼았다. 인기 영상들의 경향을 살펴보면 아시아 국가의 반응보다는 이외 지역 영상의 조회수가 높다.

K-팝 리액션 영상이 올라오기 시작한 초반에는 K-팝 팬들이 생산자, 소비자의 중심이었다. 그러나 점차 유명 유튜버들도 유입되었다. 이들이 앞서 언급한 '처음 접한'이라는 문구를 사용하면서 관심을 끌고 있다. 뿐만 아니라 K-팝 팬들이 유명 유튜버에게 리액션 영상 촬영을 요청하는 경우도 있다. 이렇듯 K-팝은 중국, 일본, 동남아시아를 넘어섰고 또 마니아 팬만이 아니라 전 세계가 향유하는 대중 콘텐츠 소재로까지 부상했다.

국내 팬들은 이 영상들을 통해 자신이 좋아하는 자국 가수의 위상에 자랑스러움을 느낀다. 또 세계적인 인기를 얻게 된 K-팝 가수에게 관심을 가지게 되어 새롭게 팬이 된 경우도 적지 않다. 오히려 국내 팬들이 K-팝 해외 반응을 더 관심 있게 보며 '우리 오빠'로 불리는 좋아하는 가수에게 타국의 사람들이 열광하는 것에 큰 자부심을 느낀다.

K-팝 콘텐츠가
나아가야 할 방향

★

K-팝의 흥행은 K-뷰티, K-패션 그리고 K-관광으로까지 이어졌다. 이러한 효과의 중심에 유튜브가 있다. 그렇기 때문에 지금 국가와 기업은 유튜브를 어떻게 활용할지를 전력을 다해 분석하고 있다. 우리가 주목해야 할 부분은 K-팝의 위상이 아니다. K-팝의 퀄리티는 이미 세계적으로 유명한 작곡가와 안무가를 통해 만들어지기 때문에 더 큰 변화는 일어나지 않을 수 있다. 로컬 콘텐츠가 어떻게 세계 무대에서 성공하는지를 알아내기 위해서는 콘텐츠의 우수함은 기본이고 어떻게 세계적으로 유행하는 플랫폼을 활용할지 고민해야 한다.

지금은 디지털 기반 플랫폼의 시대다. 이 가상공간에는 수만 시간의 콘텐츠가 업로드되고 있다. 이 사이에서 K-팝 콘텐츠가 돋보일 수 있었던 것은 엔터테인먼트 회사들이 디지털 플랫폼 시장을 잘 공략한 콘텐츠를 내보였기 때문이며, 수용자들이 유튜브 공간에서 이를 활용해 새로운 놀이를 유행시켰기 때문이다.

K-팝은 유튜브 내 엔터테인먼트 회사의 오리지널 콘텐츠와 K-팝 수용자들의 2, 3차 콘텐츠를 통해 더 빠르고 넓게 확산되었다. K-팝 유튜브

크리에이터들은 K-팝뿐만 아니라 한국 문화의 저변 확대에 큰 기여를 하고 있다. 유튜브에서 많은 이들이 '왜 저렇게까지 좋아하는 걸까?' '무엇을 따라 하고 있는 걸까?' '무엇에 반응하는 걸까?'라는 궁금증을 자아내게 하는 그들의 모습을 보고 K-팝과 K-콘텐츠 전반을 접하게 되는 것이다.

K-팝이 글로벌 시장에서 주류는 아니지만 이슈가 되고 있음은 분명하다. 그러나 이 이슈는 현 시점에서 지속가능성이라는 문제를 안고 있다. 우리는 K-팝 이슈가 언제까지 유지될 수 있을지 계속 고민해야 한다. 싸이의 경우를 보면 K-팝 한류에 새로운 문을 열어주었지만 이 이슈를 안정적인 정착으로까지 끌고 가지 못했다.

K-팝 유튜브 크리에이터들의 활동도 마찬가지로 볼 수 있다. K-팝 댄스를 따라 추고 K-팝 영상에 반응하는 트렌드는 언제든지 변할 수 있다. K-팝 향유자들은 대부분 젊은층으로 구성되어 있다. 이들은 유행 변화에 민감하게 반응하며 움직인다. 그렇기 때문에 K-팝의 꾸준한 성장을 위해 이들을 지속적으로 사로잡을 무언가를 계속 고민해야 하며, 이들이 사용하는 플랫폼을 전략적으로 공략하는 것이 핵심이다.

유튜브
날개를 단
방탄소년단

2018년은 방탄소년단의 해라고 말한다. 광고, 뉴스에서도 방탄소년단 혹은 BTS라는 말이 자주 등장했다. 방탄소년단은 진, 슈가, RM, 제이홉, 뷔, 지민, 정국의 총 일곱 명으로 이루어진 남자 아이돌 그룹으로 2013년 6월 13일 데뷔했다. 국내의 거대 엔터테인먼트 회사인 SM, YG, JYP에서 배출하는 아이돌들은 좋은 환경에서 훈련받고 데뷔 전부터 주목을 받으며 성장하는 반면 이들은 빅히트 엔터테인먼트라는 작은 회사에서 배출되었기에 데뷔 후 한동안은 큰 주목을 받지 못했다. 방탄소년단이라는 그룹명 때문에 놀림을 받기도 했고, 2013년 SBS 〈MTV 신인왕〉 프로그램에서는 일곱 명의 멤버 모두가 좁은 방 한 칸에서 생활하는 모습을 보여주어 안타까움을 사기도 했다. 방탄소년단은 데뷔 초의 열악한 환경으로 인해 흙수저 아이돌로 불렸다.

그러나 현재 방탄소년단은 한국을 대표하는 가수라 해도 무방할 정도로 국내외에서 많은 사랑을 받고 있다. 특히 2017 빌보드 뮤직 어워드 소셜 아티스트 상 수상을 기점으로 2018 AMA(American Music Awards Favorite Social Artist) 수상 그리고 미국의 공중파 방송 출연까지, 계속해서 한국 아이돌 가수로서 누구도 가보지 못한 길을 걷고 있다. 그리고 2019년에는 빌보드 2관왕이 되었다. 이들은 어려운 환경에서 시작하여 지금의 자리에 오기까지 고난의 과정으로 더욱 주목받는다.

방탄소년단이 처음 세계적인 시상식에서 수상한 상의 타이틀에는

'소셜(Social)'이라는 단어가 붙어 있다. 이는 유튜브에서 방탄소년단의 인기를 말해준다고 해도 과언이 아니다.

2018년 8월에 발매된 《LOVE YOURSELF 結 'Answer'》 앨범의 타이틀곡 〈아이돌(IDOL)〉의 뮤직비디오는 유튜브에 올라간 지 24시간 만에 5,626만 뷰를 기록하며 유튜브 24시간 내 최다 조회수를 차지했다. 이 기록은 2019년 방탄소년난의 〈작은 것들을 위한 시(Boy With Love)〉로 또 경신됐다. 이전까지는 테일러 스위프트의 〈룩 왓 유 메이드 미 두(Look What You Made Me Do)〉 뮤직비디오가 조회수 4,320만 뷰로 기록을 가지고 있었다. 유튜브 조회수뿐만 아니라 앞 장에서 다룬 K-팝 커버댄스, 리액션 영상이 대부분 방탄소년단을 다루고 있는 만큼 유튜브 내에서 방탄소년단의 파워는 주목할 만하다.

유튜브 내 방탄소년단 관련 콘텐츠는 두 종류로 나눌 수 있다. 먼저 방탄소년단의 기획사인 빅히트 엔터테인먼트에서 제공하는 오피셜 콘텐츠, 두 번째는 팬들이 만들어내는 2차 콘텐츠다. 여기서 또 세부적으로 나누면 오피셜 콘텐츠에는 방탄소년단의 음악과 관련된 뮤직비디오, 라이브 영상이 있으며 음악 외적인 모습을 보여주는 일상 영상도 있다. 팬들이 만들어내는 콘텐츠에는 리액션 영상, 커버댄스, 뮤비 해석이 존재한다. 이를 토대로 소셜 네트워크에서 방탄소년단의 인기를 실감해보자.

방탄소년단은 어떻게
세계적인 관심을 받게 되었는가?

★

방탄소년단이 전 세계적으로 인기를 얻게 한 전략 중 하나는 온라인으로 제공한 콘텐츠다. 방탄소년단은 국내 방송 활동과 함께 온라인 채널에서의 홍보에도 힘썼는데 대표적인 온라인 채널인 유튜브, V앱을 통해 지금도 지속적으로 콘텐츠를 제공한다.

유튜브에서는 〈ibighit〉와 〈BANGTANTV〉에서 방탄소년단의 영상을 올리는데 〈BANGTAN BOMB〉, 〈BANGTAN LOG〉, 〈BTS 꿀 FM〉, 〈BTS Vlive〉 등과 같이 음악 이외의 모습까지 보여주는 영상 콘텐츠들이 있다. 또한 유튜브의 프리미엄 버전인 유튜브 레드 오리지널에서는 2018년 3월 〈BTS: Burn the Stage〉를 공개했다. 이는 '2017 방탄소년단 라이브 트릴로지 에피소드 3 윙스 투어'를 300일 동안 취재한 다큐멘터리 형식의 영상으로 그들의 무대 위 모습과 무대 뒤 이야기를 심층적으로 보여주었다.

유튜브와 함께 적극적으로 활용되는 온라인 플랫폼이 V앱이다. V앱은 네이버에서 제공하는 라이브 방송 서비스인데 아프리카TV와는 다르게 일반인이 아닌 연예인이 콘텐츠 공급자이며 연예인과 팬들의 소통을 목적으로 만들어졌다. 방탄소년단은 V앱에서 팬들과 실시간 소통을 하며 그 외에도 여러 가지 콘텐츠를 제공한다.

먼저 여행 영상 콘텐츠인 〈방탄: BON VOYAGE〉가 있는데 이는 지금까지 총 3개의 시즌을 선보였다. 시즌 1에서는 북유럽(**노르웨이, 스웨덴, 핀란드**), 시즌 2는 하와이 그리고 시즌 3은 지중해 몰타에서 여행하는 모습을 리얼 버라이어티 형식으로 보여주었다. 〈달려라 방탄〉 또한 리얼 버라이어티 형식의 콘텐츠로 방탄소년단은 이 프로그램에서 주저 없이 망가지는 모습까지 보인다. 기획사에서 제작한 콘텐츠뿐만 아니라 멤버 각자가 〈잇진(**eat jin**)〉, 〈만다꼬〉와 같은 콘텐츠를 만들어내 한 명 한 명이 크리에이터로도 활약하고 있다.

방탄소년단은 기존 예능 프로그램에 적극 출현하기보다는 자신들만의 자체 콘텐츠를 만들어 팬들과 소통하고 있다. 이 콘텐츠는 공중파 TV가 아니라 온라인을 기반으로 하고 있어 모바일을 통해 쉽게 접근이 가능하며, 해외에서도 아무런 제약 없이 볼 수 있다. 이러한 장점으로 글로벌 팬덤이 형성되기 용이했다.

더욱이 온라인 플랫폼은 언어 장벽으로 불편을 겪는 사람들을 위해 자막 서비스를 제공한다. 유튜브는 2008년부터 자막서비스를 도입하였는데 시청자는 영상 자체의 자막이 아닌 여러 언어의 자막을 선택하여 바꿀 수 있다. 이 또한 세계적인 관심을 끌어낸, 온라인 매체만의 큰 장점이다.

전 세계를 상대하는
유튜브 스타

★

요즘은 방탄소년단과 같이 유튜브에서 유명세를 얻어 더 큰 인기를 누리는 스타들이 많다. 미국의 찰리 푸스, 영국의 에드 시런, 스페인의 파블로 알보란은 유튜브에 자신의 음악 영상을 공유하여 말 그대로 세계적인 인기를 얻게 되었다. 방탄소년단과 같은 맥락으로 성장한 것은 아니지만 이들의 공통점은 유튜브의 덕을 보았다는 점이다. 이처럼 음악시장에서 유튜브의 역할이 중요해졌으며 같은 성공을 노리는 아티스트들이 많아지고 있다. 유튜브가 TV와 음반이라는 프레임에 갇혀 있던 음악시장을 변화시켰기 때문이다.

이전의 상황을 살펴보면 음악은 주로 라디오, 음반을 통해 듣는 것으로 여겨졌다. 그러나 MTV의 등장으로 인식이 바뀌었다. MTV는 1981년 개국한 미국의 음악 전문 케이블 TV 채널로 24시간 동안 뮤직비디오를 방영하는 형태로 시작하였다.

이 채널에서 처음 방송된 뮤직비디오는 버글스의 〈비디오 킬드 더 라디오 스타(Video Killed The Radio Star)〉다. 이 노래를 통해 이제 음악은 듣는 것을 넘어 보는 것이 되었음을 이야기한다.

보는 음악은 온라인 플랫폼으로 인해 한 번 더 변모했다. TV에서의 음악 채널, 음악 프로그램이 아니라 유튜브의 음악 채널과 음악·영상 콘텐츠로 진화한 것이다. 유튜브는 TV와 다르게 온라인 공간을 기반으로 하기에 특정 기준과 많은 자본을 요구하지 않는다. TV 채널과 프로그램에서 요구하는 높은 잣대를 넘지 않아도 유튜브 공간에서 더 많은 사람들에게 자유롭게 음악과 영상을 선보일 수 있다.

싸이와 같은 맥락으로 방탄소년단은 지금까지 미주 진출에 노력했던 보아, 세븐, 원더걸스가 해내지 못한 것을 유튜브를 통해 해냈다. 미주 시장에 직접 뛰어들어 밑바닥부터 시작한다는 것은 무모한 발상이다. 막대한 자본을 투자해야 할 뿐만 아니라 한국 활동을 중단해야 해서 국내 팬마저 잃을 가능성이 높은, 리스크가 큰 도전이기 때문이다. 그러나 유튜브를 통한 해외 진출은 낮은 리스크로 성공을 가늠해볼 방법이다.

또한 먼저 미주 진출에 도전했던 보아, 원더걸스, 세븐과 싸이, 방탄소년단 사이에는 전략에서부터 뚜렷한 차이가 존재한다. 선발주자들은 노래 가사와 스타일 모두 그 나라에 맞춘 현지화 전략을 실행했다. 그러나 싸이와 방탄소년단은 국내에 선보이는 것과 똑같이 한국어 가사와 한국 스타일을 고수하면서 플랫폼을 통한 홍보만을 노렸다.

이 전략은 대성공을 거뒀고 이제 많은 기획사가 방탄소년단의 유튜브 활용 전략을 모방하여 유튜브 채널에서 각자의 콘텐츠를 만들어내 홍보하고 있다.

글로벌 팬덤
아미의 힘

★

방탄소년단이 지금의 자리에 오르기까지는 '아미(ARMY)'의 역할이 중요했다. 아미는 방탄소년단의 팬클럽 이름으로 수많은 아미가 전 세계 곳곳에서 활동하고 있다. 전 세계 매체는 방탄소년단과 동시에 아미들의 놀라운 화력에도 주목했다. MTV 뉴스에서도 아미를 '세계에서 가장 영향력 있는 팬덤'으로 표현했다. 이들은 방탄소년단의 유튜브 조회수와 음반 판매 기록의 원천이며 단순한 팬이 아니다. 아미는 그저 방탄소년단의 노래를 좋아하고 지지하는 수준을 넘어섰다. 빅히트 엔터테인먼트보다 더 많은 콘텐츠를 생성해내며 방탄소년단을 세계적인 스타로 만들기 위해 방탄소년단 알리기에 힘쓰고 있다.

예를 들면 미국의 아미는 방탄소년단을 빌보드 '핫 100'에서 1위로 만들기 위해 필요조건 중 하나인 라디오 방송 횟수 점수를 채우려 애써왔다. 미국 50개 주의 지역 라디오 방송국에 사연을 보내고 방탄소년단의 노래를 틀어달라고 신청한 것이다. '@BTSx50States' 프로젝트로, 이들은 미국 팬 연합을 만들어 빌보드 차트 순위에 영향력이 큰 방송국을 분류하였으며 응대 매뉴얼을 만들어 지속적으로 음악 신청을 했다. 그 결과 미국 라디오의 높은 장벽을 깨고 방탄소년단의 음악이 흘러나오게 만들었다.

싸이가 빌보드 핫 100 차트에서 2위에만 그쳤던 것이 라디오 방송 점수가 낮았기 때문이었다. 싸이도 뚫지 못한 미국 라디오의 장벽을 깬 것은 모두 아미가 이루어낸 성과다.

노한 멕시코 아미 연합인 @UnionBTSarmyMX는 멕시코시티 지하철 3호선 이달고역에서 방탄소년단의 역사를 주제로 2018년 9월 25일부터 두 달긴 진시를 개죄했다. 사람들이 붐비는 역에서 전시를 열어 방탄소년단을 모르는 사람들에게까지 이들을 접할 기회를 제공했다.

기본적으로 아미들은 유튜브에서 활동하는데 앞 장에서 살펴본 K-팝 리액션, 커버댄스 영상의 크리에이터들은 다수가 아미다. 이들이 만들어내는 콘텐츠는 전술한 바와 같이 세 가지로 나눌 수 있다.

첫 번째, 방탄소년단 콘텐츠에 대한 리액션이다. 이는 뮤직비디오 영

| 사진 1 | 파라과이 팬들의 BTS 〈낫 투데이〉 뮤직비디오 리액션

상이 중심이 되며 무대 영상, 무대 직캠, 안무 연습 영상 등에 대한 리액션 이 있다. 아미들은 리액션 영상에서 자신의 감정을 표현하며 방탄소년단 의 제스처 하나하나에 반응한다.

두 번째는 방탄소년단 커버댄스다. 방탄소년단은 음악뿐만 아니라 칼군무로도 주목받고 있으며 댄스 연습 영상을 항상 올리기 때문에 이를 보고 따라 하는 아미들이 점점 많아진다.

마지막으로 방탄소년단 뮤직비디오 분석이 있다. 뮤직비디오에 나타 나는 요소들과 스토리를 분석하고 여러 개의 뮤직비디오를 연결하여 다양 한 의미를 부여한다.

아미들의 콘텐츠는 아미가 아닌 사람들에게 방탄소년단을 알리는 영 업용으로도 활용된다. 콘텐츠의 내용과 더불어 유튜브에 업로드되는 양 도 다른 가수의 팬들이 올린 영상보다 많아 점점 더 사람들의 눈에 띄고 있다. 아미들은 방탄소년단의 영상에 자체적으로 자막까지 제작해 올린 다. 방탄소년단의 1차 영상에는 자막이 없는 경우가 많고 유튜브의 자동 번역 자막 시스템은 완벽하지 않다. 각 나라의 아미들은 방탄소년단 공식 채널에 영상이 올라오면 바로 번역 작업을 시작한다. 이처럼 글로벌 아미 들의 활동으로 세계적으로 점점 더 많은 아미들이 생겨나고 있다.

헨리 젠킨스(Henry Jenkins)는 《팬, 블로거, 게이머(Fans, Bloggers, and Gamers)》에서 팬덤의 주요 특징을 "개인적 공명을 사회적 상호작용으로,

관람 문화를 참여 문화로 전환하는 저력"이라고 말했다. 아미들은 개인적이고 제한적인 틀에 갇혀 있는 것이 아니라 집단적으로 활동하며 사회적 영향력을 과시한다. 이들의 적극적인 참여 문화는 방탄소년단의 글로벌 활동과 명성의 원동력이다.

아미들의 강력한
지지를 받는 방탄소년단

★

방탄소년단이 아미들의 강력한 지지를 받은 이유는 지속적이고 적극적인 상호소통에 있다. 이들은 국내 팬뿐만 아니라 직접적인 소통이 불가능한 해외 팬덤을 위해 온라인 활동에 힘썼고 아미와 수평적인 관계를 맺으려 노력했다. 이전의 아이돌과 팬의 관계를 생각해보면 사실 서로 먼 곳에 있는 느낌이 강했다. 그러나 방탄소년단과 아미의 관계는 조금 특별하다. 이들은 데뷔 전부터 트위터, 네이버 카페, 유튜브 등을 통해 자신들의 일상을 공유하며 팬들과 지속적인 소통을 했다. 유튜브에는 〈BANGTAN LOG〉를 만들어놓고 일기 형식으로 멤버 각각이 자신의 하루에 관해 말한다. 2013년부터 시작해 꾸준히 영상을 올리고 있는데 팬들은 시간이 흐르고 처음과 지금의 상황이 달라졌음에도 자신의 이야기를 스스럼없이 털

어놓는 방탄의 모습에 큰 매력을 느낀다. 트위터에도 모든 멤버가 일상 사진과 글을 올려 마치 친구와 소통하는 느낌을 준다.

그뿐만 아니라 빅히트 엔터테인먼트는 신곡 뮤직비디오를 팬들과 방탄소년단에게 같은 시각 동시에 공개한다. 그래서 방탄소년단도 팬들과 같은 마음으로 자신들의 영상을 보고 리액션 영상을 촬영해 유튜브에 업로드한다. 뮤직비디오 속 자신들의 모습에 반응하며 웃기도 하고 부끄러워도 한다. 이는 아미들이 촬영한 방탄소년단 뮤직비디오 리액션과 비슷한 모습이기 때문에 아미는 방탄소년단을 손이 닿지 않는 스타가 아니라 자신과 함께하는 동료라는 느낌을 받는다.

이처럼 방탄소년단은 다양한 SNS 활동을 통해 아미들과 수평적인 관계를 맺는다. 아미들 또한 이렇게 자신들과 가까운 사이인 것처럼 느껴지는 방탄소년단 멤버들을 위해 적극적인 지원과 지지를 한다.

방탄소년단이 불러온
경제·사회적 효과

★

방탄소년단은 경제적으로도 큰 성장을 이뤄냈다. 2018년 음반과 음원 매출액만 계산해도 1,300억 원으로 추정되는데 이는 JYP의 2018년 예상 매출액과 비슷한 수준이다. 또 2017년 빅뱅의 매출액은 약 2,100억 원으로 추정되는데, 방탄소년단의 음원 매출액과 부가 매출을 합치면 데뷔 6년 만에 빅뱅의 최대 매출액을 뛰어넘었다. 이처럼 방탄소년단은 3대 메이저 기획사에서 배출해낸 아이돌 그룹보다 더 크게 성장했다.

이들의 경제적 파급 효과도 주목할 만하다. 방탄소년단으로 인해 외국인 관광객 수, 소비재 수출액도 증가하였다. 방탄소년단 콘서트 관람으로 인접 국가들에서 외국인 관광객이 몰려오고 있으며, 방탄소년단이 광고하는 의류, 화장품, 음식 등의 수출액이 늘었다.

현대경제연구원에서는 향후 5년간 방탄소년단이 2013년에서 2018년 사이 인기 확대의 평균 수준을 유지할 경우 2023년까지의 총 경제적 효과는 생산유발효과 약 41조 8,600억 원, 부가가치유발효과 약 14조 3,000억 원이 될 것으로 예상했다.

방탄소년단은 문화 · 경제적 효과를 넘어서 사회 문제에서도 영향력을 과시하고 있다. 2017년 11월부터 유니세프의 아동, 청소년 폭력 근절 사회 변화 캠페인 '엔드 바이올런스(#ENDviolence)'의 일환인 '러브마이셀프(#Lovemyself)'를 시작했는데 2018년 2월 기준 140만 달러 상당의 금액을 모금하였다. 방탄소년단은 이 캠페인을 통해 전 세계의 아동, 청소년들에게 '나 자신을 사랑하자'라는 메시지를 전달하였다.

2018년 9월에는 미국 뉴욕의 유엔(UN) 본부에서 열린 유니세프의 새로운 청소년 아젠다 '제너레이션 언리미티드(Generation Unlimited)' 파트너십 출범 행사에 참석하여 한국 가수 최초로 유엔 총회 연설을 하였다. 방탄소년단의 연설은 유튜브 〈유니세프(UNICEF)〉, 〈워싱턴 포스트(Washington Post)〉, 〈ABC 뉴스(ABC News)〉, 〈빌보드 뉴스(Billboard News)〉 채널을 통해 전 세계로 퍼져나갔다. 방탄소년단의 효과는 역시 대단했다. 〈유니세프〉 채널 내 동영상 중 업로드 기간 대비 가장 많은 조회수를 기록했다. 특히 방탄소년단의 팬이 주로 청소년이기 때문에 많은 청소년에게 이 연설이 퍼졌으며 유튜브에 이 연설의 리액션 영상까지 올라왔다.

방탄소년단은 노래 가사와 인터뷰에서도 사회 문제를 직접 언급했다. 2017년 《LOVE YOURSELF 承 Her》 발매 기념 기자간담회에서 RM은 이렇게 말했다.

"사회적으로 좋은 영향을 주고 싶다는 생각을 계속해왔다. 저희를 좋아해주시는 분들을 볼 때 책임감을 느낀다. 영감이 되거나 인상으로 남는 것도 좋지만, 단순한 감상도 팬들의 인생에 좋은 영향을 준다고 본다."

데뷔 초부터 방탄소년단은 청소년을 대변하여 사회 비판을 담은 가사를 썼으며 지금도 지속적으로 메시지를 담은 가사를 선보인다. 이는 유튜브를 타고 해외의 수용자들에게 자막까지 더해져 전해진다. 해외에서는 가사를 이해하고 공감하며 방탄소년단이 전달하는 메시지에 자신의 의

견을 더하거나 감동하여 눈물을 흘리는 리액션 영상을 올린다.

| 전 망 |

방탄소년단의 성공공식
벤치마킹 대상

★

빅히트 엔터테인먼트 대표 방시혁은 2017년 '엠넷 아시아 뮤직어워즈
(**MAMA**)'에서 방탄소년단의 성공 요인으로 SNS를 꼽았으며 "방탄소년단
은 SNS로 기존 미디어의 흐름을 바꾼 좋은 예"라고 말했다. 이들이 데뷔
전부터 미미한 반응에도 지속적으로 SNS를 활용한 전략이 시대의 흐름과
잘 맞아떨어졌다.

2017년부터 시작된 방탄소년단 신드롬은 2018년, 2019년까지 계속
된다. 1세대 아이돌인 HOT, 젝스키스, SES 그리고 2세대 아이돌 동방신
기, 슈퍼주니어, 소녀시대, 빅뱅이 해외 진출의 발판을 만들어주었고, 3세
대 아이돌로 지칭되는 방탄소년단이 이를 기반으로 하여 세계무대에서 활
약하고 있다. 1세대, 2세대 아이돌 그룹의 소속사는 국내 3대 엔터테인먼
트 기업이다. 발판을 만들어준 선배 가수를 배출한 기업이지만 이제는 이
들이 오히려 방탄 소년단의 해외 진출 전략을 벤치마킹하고 있다. 3사 또

한 많은 투자를 하며 미주 시장 진출을 시도했으나 결과적으로 빅히트 엔터테인먼트가 먼저 장벽을 깨고 성공적인 진출을 해냈다.

방탄소년단의 해외 진출 사례는 국내외에서 높게 평가되고 있다. 이는 미국의 공중파 출연과 국제시상식에서의 지속적인 수상 그리고 다양한 국가에서의 반응을 통해 알 수 있다.

방탄소년단의 성공 사례는 유튜브의 중요성을 말해준다. 해외 16개국 총 7,500명의 K-콘텐츠 경험자를 대상으로 조사한 한국국제문화교류진흥원의 '2019 해외한류실태조사'에서는 한국 음악 콘텐츠를 온라인·모바일 플랫폼을 통해 이용하는 비중이 80%를 넘어섰으며, 특히 유튜브에서 접하는 동영상과 음악 콘텐츠가 80% 내외의 압도적인 점유율을 보인다고 한다. K-팝 콘텐츠를 접하는 대부분의 외국인들이 유튜브를 활용하고 있음을 알 수 있다. 그리고 현재 국내에서는 K-팝의 국제적 위상을 이야기할 때 늘 유튜브 조회수를 언급한다. 유튜브 조회수와 구독자 수를 통해 해외에서의 K-팝 아이돌, 아티스트의 인기를 평가하는 것이다. 이와 같이 유튜브가 K-팝 콘텐츠의 진흥과 홍보에 있어서 중요한 역할을 하고 있음에 틀림이 없다.

플랫폼의 시대로 볼 수 있는 현재 K-팝 콘텐츠가 미래를 내다보기 위해서는 K-팝이 가장 많이 소비되고 있는 유튜브를 잘 공략함과 동시에 새로 부상하는 플랫폼 또한 적극 활용해야 할 것이다. 영원할 것 같았던 공중파 TV보다 유튜브를 이용하는 시간이 더 많아지고 있는 지금 상태는 향후 몇 년간 지속될 것이지만, 이 또한 영원하리란 법은 없다. 변해가는 시대의 흐름을 잘 내다보는 전략이 필요하다.

우리 모두의 아기상어,
어디쯤 헤엄치고 있는가

"베이비 샤크 뚜루루~ 뚜루~."

이 노래가 담긴 〈핑크퐁〉 채널의 유튜브 동영상은 2019년 6월 현재 28억 뷰를 돌파하였다. 작고 귀여운 아기상어는 이제 전 세계의 상어가 되어버렸다. 〈아기상이〉 노래의 폭발적인 인기는 삼성출판사 자회사인 '스마트스터디'가 제작한 어플리케이션에서 출발하였다. 스마트스터디는 동요, 뮤지컬, 게임, 애니메이션 콘텐츠를 제작하며 유튜브 〈핑크퐁〉 채널에 동요와 동화를 집중적으로 올린다.

28억 조회수를 달성한 〈아기상어〉는 '새로운 강남 스타일'이라 불리며 또 하나의 K-콘텐츠가 되었다. 〈아기상어〉는 영미권 구전 동요인 〈베이비 샤크(Baby Shark)〉를 편곡한 것으로 2015년 한국어로 업로드된 이후 영어, 중국어, 일본어, 스페인어 등 다양한 언어로 제작되었고 각 언어별로 채널을 개설하는 전략을 취하였다. 한국 채널인 〈핑크퐁〉은 〈상어가족/아기상어〉로 영상을 게시하였고 미국 채널인 〈핑크퐁! 키즈 송 & 스토리즈(Pinkfong! Kids' Song & Stories)〉에는 〈베이비 샤크(Baby Shark)〉로 올렸다.

이 아기상어가 전 세계 바다를 항해하며 인기를 모으고 있는데 이제는 글로벌 현상이라 부를 수 있을 정도다. 영미권에서만 인기를 모은 것이 아니다. 오히려 비영어권 국가에서 먼저 인기를 끌었다. 〈파이낸셜 타임스(FT)〉는 〈아기상어〉의 인기를 분석하며 모델 아만다 서니가 인도네시아 〈투나잇 쇼〉에 출연해 이 노래에 맞춰 춤을 추면서 동남아에서 인기를 끌기 시작했다고 보았다. 특히 직접 춤을 춘 영상을 공유하는 '베이비샤크 챌린지(Baby Shark Challenge)'가 SNS에서 유행하면서 〈아기상어〉의 인기에 불을 붙였다.

이 시기 K-팝 걸그룹이 콘서트에서 안무를 따라 추며 국내외, 특히 아시아권에서의 인기가 늘었지만 어느 정도 잠잠해진 이후 영미권과 유럽으로 확산되면서 다시 한 번 유행했다고 〈파이낸셜 타임스〉는 분석한다. 특히 인플루언서 덕분에 SNS에서 유행하면서 전 세계적 열풍 현상을 이끌었다고 본다.

인플루언서란 '영향력'이라는 인플루언스(Influence)에서 파생된 단어로 영향을 미치는 사람(Influence+er), 즉 '영향력 있는 개인'을 의미한다. 셀럽과 연예인, SNS 스타가 바로 이 시대의 인플루언서다. SNS가 확산되고 일상화되면서 SNS 스타들의 영향력이 강화되고 있다. 수만 명, 수백만 명의 팔로어를 가진 인플루언서들이 유행을 만든다. 유행이 글로벌화되고 확산 속도가 실시간으로 바뀌게 된 것은 SNS의 일상화 덕분이다. 모바일 기반의 SNS 플랫폼은 촬영한 사진과 영상을 실시간으로 공유할 수 있게 한다. 이러한 편의성과 동시성은 유행을 한 지역, 한 그룹에만 한정시키지 않고 폭넓게 확산시킨다. 특히 해시태그(#)를 통한 검색과 유입이 퍼져나감 현상을 좀 더 용이하게 하고 있다. 이 과정에서 인플루언서는 팔로어에게 유행 아이템을 공유하고 전달하는 역할을 한다.

《80/20 법칙(The 80/20 Principle)》의 저자인 리처드 코치(Richard Koch)는 또 다른 책 《낯선 사람 효과(Superconnect)》에서 이러한 인플루언서의 역할을 연결(Link) 개념으로 설명한다. 가족이나 친한 친구 같은 강한 연결(Strong Link)이 아닌 SNS를 통한 약한 연결(Weak Link)로 이어진 네트워크는 유행의 확산에 너 효과적이다. 리처드 코치는 인플루언서는 슈퍼 커넥터(Super Connecter)로 이들이 강한 연결로 이어진 그룹과 그룹 사이를 이어주는 연결고리 역할을 한다고 봤다. 인플루언서가 선택한 콘텐츠가 자연스럽게 팔로어들에게 공유되며, 팔로어는 이를 통해 자발적으로 콘텐츠를 소비하고 이 과정에서 파생 콘텐츠까지 생산한다. '베이비 샤크 챌린지'가 바로 이러한 파생 콘텐츠의 집단적 소비와 생산에 영향을 미쳤고 이것이 글로벌 현상으로 이어진 것이다.

〈아기상어〉의
미국 티핑포인트 배경

★

SNS와 유튜브에서 인기를 끌던 〈아기상어〉는 이제 영국과 미국 방송에도 등장했다. 〈더 레이트 레이트 쇼〉에서는 진지하게 〈아기상어〉 노래를 펴

곡하여 뮤지컬 쇼로 패러디하였고 〈엘런 쇼〉에서는 유튜브 커버 영상을 보여주며 2018년 9월 방송 당시 17억 뷰를 달성한 〈아기상어〉 콘텐츠를 소개하였다. 심지어 2018년 8월 23일에는 영국 '싱글차트 40'의 37위에 오르기도 하였다. 2019년 1월 9일에는 빌보드 핫 100에서 32위에 올랐다는 소식이 들려왔다.

트렌드 분석 사이트 SocialBlade.com에 따르면 영어 채널 핑크퐁의 1년 수익은 935만~1,500만 달러 수준으로 월별 수입은 77만~120만 달러다. 현재와 같은 조회수와 신규 구독자 수 추세를 유지한다면 향후 1년 동안 990만 명의 추가 구독자와 3억 8,000만 조회수를 달성할 것이라고 예측하고 있다.

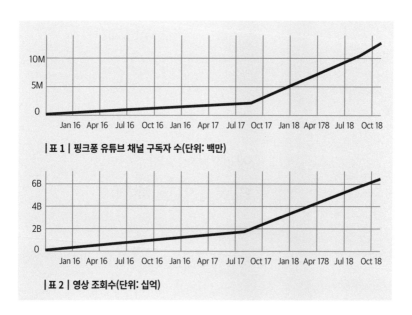

| 표 1 | 핑크퐁 유튜브 채널 구독자 수(단위: 백만)

| 표 2 | 영상 조회수(단위: 십억)

| 표 3 | 월별 영상 조회수 추이(단위: 백만)

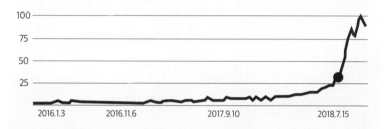

| 표 4 | 〈베이비 샤크〉 미국 구글 트렌드(2016~2018. 10. 22)

표 1, 2, 3: www.socialblade.com, 검색일 2018년 10월 22일
표 4: 구글트렌드, 검색일 2018년 10월 22일
https://trends.google.co.kr/trends/explore?date=2016-01-01%202018-10-22&geo=US

〈아기상어〉 콘텐츠의 전 세계적 확산 과정을 유튜브 조회수와 구독자 수 증가 추세로 분석해보면 미국의 경우 2017년 7월 말, 8월 초 이전까지는 완만한 상승세를 보였지만 이후 급격히 확산되었다. 관심이 서서히 늘어나다가 갑자기 폭발적으로 증가하는 시점인 티핑포인트는 구글 트렌드의 경우 1년 뒤인 2018년 8월이다.

구글 트렌드와 유튜브 월별 조회수 추이가 일치하는데 이는 유튜브 콘텐츠가 공유되고 확산되는 방식을 보여준다. SNS와 구글, 유튜브 모두 모바일을 통한 접근이 늘면서 사용도 함께 증가했다. 유튜브는 SNS 링크와 구글링을 통해 소비되고 공유된다. 그래서 유튜브 콘텐츠를 이해하려면 유튜브 플랫폼 이해와 더불어 다른 SNS 플랫폼의 특성과 SNS 시대의 문화, 유행, 특성을 함께 알아야 한다.

SNS 시대 공유와 따라 하기
양방향 콘텐츠의 성공

★

〈아기상어〉 영상은 노래를 따라 부르며 춤추는 아이들을 등장시켜 귀여움을 더 강화시켰다. 애니메이션에 그치는 것이 아니라 따라 할 수 있는 율동을 함께 보여주자 SNS에서는 '베이비 샤크 챌린지'까지 열렸다. 처음부터 끝까지 애니메이션만 나오는 영상보다 어린이가 춤을 추며 애니메이션과 함께 등장한 영상이 더 큰 인기를 끌었고 이 영상이 28억 뷰를 달성하였다.

자신을 드러내고, 공유하고, 유행을 따라 하는 SNS 시대에 〈아기상어〉 콘텐츠는 수많은 패러디와 커버 영상을 양산해냈다. 영어 'Baby Shark'로 검색하면 SNS와 유튜브에 경찰이나 군인이 제복을 입고 군무를 추는 것부터 가족이 모여 따라 하는 영상이 가득하다.

이 사례는 유튜브 콘텐츠가 갖는 양방향적 성격을 잘 보여준다. 유튜브 세계에서 성공한 콘텐츠는 끊임없이 재가공된다. 제작자가 1차 제작물을 공급하면 소비자가 직접 따라 하거나(**커버 영상**) 패러디하는 새롭게 구성한 2차, 3차 제작물이 이어진다. 소비자가 공급자가 되는 양방향의 공급 구조가 만들어지는 것이다. 단순히 콘텐츠에 대한 의견을 나누는 댓글 소통에서 그치는 것이 아니라 소동 자체를 소비자가 제작한 콘텐츠로 하는 세계다. 더군다나 유튜브만의 닫힌 세계가 아니라 페이스북, 인스타그램과 이어진 열린 세계(**Open World**)이기에 공유와 확산은 곧바로 다른 SNS 플랫폼을 통해서도 진행된다.

그렇기 때문에 인플루언서를 활용한 마케팅 전략이 필요하다. 인플루언서에게 콘텐츠 소개 비용을 직접 지불하라는 의미가 아니다. 일단 인플루언서들이 쉽게 매료될 수 있는 콘텐츠를 개발하는 것이 가장 중요하겠지만 해시태그로 유입이 가능하도록 킬링 문구를 만들어 일관되게 사용하는 콘텐츠 유통방식을 고민해야 한다는 것이다. 그리고 콘텐츠 개발 단계부터 따라 하기, 즉 커버 욕구를 불러올 요소를 포함시켜야 한다.

유튜브와 다른 SNS 플랫폼이 연결되어 있는 열린 세계에서는 커버 욕구를 불러일으키는 콘텐츠일수록 더 빨리 유행한다. 따라 하기 쉽고 중독성 강한 멜로디까지 함께 있는 콘텐츠는 당장 주변과 SNS 세계에 공유하고 싶게 만든다. 이런 식의 2차, 3차 콘텐츠는 1차 콘텐츠의 히트를 지속시킨다.

미국 〈핑크퐁〉 채널의 구독자 수와 조회수 증가도 이런 추이를 보였다. 유튜브에서 채널 '구독 신청'은 주로 동일 영상을 반복해서 소비하거나 채널 내 다른 콘텐츠를 보기 위해 진행된다. 하지만 단순히 동일 영상을 반복해서 보기 위함이라면 대다수가 자주 보는 영상으로 체크하는 것에 그쳤을 수도 있다. 〈핑크퐁〉 채널의 콘텐츠가 원 히트 원더(One-Hit Wonder)에 그치지 않았던 것은 〈아기상어〉 콘텐츠가 시청자들에 의해 재생산되고 채널에서도 후속 콘텐츠를 계속 공급했기 때문이다.

〈아기상어〉의 리프라이즈와 OSMU(원 소스 멀티 유스)

★

〈아기상어〉는 애니메이션, 동화, 게임, 영화, 뮤지컬로 제작되는 등 원 소스 멀티 유스(OSMU, One Source Multi-Use) 전략 활용의 대표 사례가 되었다. 여기에 유튜브 콘텐츠의 특성을 살려 리프라이즈(Reprise) 전략도 병행하고 있다.

뮤지컬에서는 하나의 테마음악을 상황에 따라 변주하고 반복해 주제를 드러낸다. 이를 리프라이즈라 하는데 〈아기상어〉 역시 기본 멜로디를 끊임없이 변주해 계속 새로운 콘텐츠로 공급하면서 단발성 인기를 채널의 역량 강화로 이어갔다. 하나의 영상만으로는 구독자를 확보하기 어렵고 재방문을 유도하기 쉽지 않다. 그래서 〈아기상어〉 오리지널 영상의 인기를 채널의 인기로 연결시키기 위해 동일 콘텐츠 영상을 테마와 음악 장르를 바꿔 새로운 콘텐츠 영상으로 계속 공급했다.

〈핑크퐁〉 채널은 세상의 모든 음악 장르로 리프라이즈하는 것이 목표라도 되는 것처럼 다양한 음악 장르로 버전을 달리해 〈아기상어〉를 제작하고 있다. 한국 〈핑크퐁〉 채널에서는 국악 버전, EDM 버전, 디스코 버전, 합창 버전이 있고 스페셜 영상으로 크리스마스 버전, 할로윈 버전, 광대 버전과 인형탈 버전, 실사(실제 상어 영상) 버전, 색종이접기 버전, 3D 버전 등을 만들었다. 리프라이즈 효과를 확인한 〈핑크퐁〉 채널은 영어 채널에도 다양한 버전을 선보이고 있다.

앞에서 언급했듯 소비자에 의한 재가공과 새로운 콘텐츠 제작을 통한 세계관 확장 역시 리프라이즈 방식으로 진행되고 있다. 〈핑크퐁〉 채널에서 제작하기 전에 소비자들이 먼저 메탈 버전과 R&B 버전을 만들었다. 제작자와 소비자가 리프라이즈에 적극적이라는 점도 〈아기상어〉 콘텐츠가 꾸준히 변주되며 재소비될 수 있도록 만들어 오랫동안 인기를 유지하는 데 도움이 되었다

아기와 동물
귀요미 콘텐츠의 성공

★

"귀여움은 세계 공통이다."

광고와 마케팅의 3B(Baby, Beast, Beauty) 전략은 유튜브 콘텐츠에도 동일하게 적용된다. 이 중 〈아기상어〉는 3B 중 Baby(아기)와 Beast(동물-상어)를 충족시킨다. 여기서 베이비란 아기에 국한된 의미가 아니다. '귀여움'이라는 특성을 가진 캐릭터, 이미지를 아우른다.

천만 영화는 모든 세대를 영화관으로 불러들일 때 가능하다고 한다. 유튜브 콘텐츠의 월드 메가 히트 역시 전 세대, 전 세계를 움직여야 한다. 귀여움은 전 세계, 모든 연령을 대상으로 거부감 없이 소비되기 때문에 이를 가능하게 한다.

채널에서 가장 인기 있는 영상을 살펴보면 조회수 28억 회를 달성한 〈아기상어〉뿐 아니라 조회수 4.3억 회의 〈원숭이 바나나(Monkey Banana)〉, 1.4억 회의 〈핑크 돼지(Did you ever see my tail?)〉, 6,400만 회의 〈사자(The Lion)〉 등 귀여운 동물 애니메이션 뮤직비디오 영상과 다른 버전의 〈아기상어〉 영상이 대부분이다.

이 역시 귀여움을 내세우는 콘텐츠들이다. 귀여운 캐릭터와 영상을 제공하는 채널은 키즈 콘텐츠, 키즈 채널로 분류되지만 귀여움을 소비하

| 사진 1 | 아기상어 따라 하기 챌린지 영상

는 시청자는 어린이(키즈)에 한정되지 않는다.

자극적이지 않지만 마음속 어딘가를 말랑거리게 만드는 귀요미 캐릭터들에 노래와 율동(댄스)이 접목되면서 중독성을 만들어낸다. 외국 방송국도 키즈 채널을 개설하여 〈아기상어〉가 보여준 '중독적인 노래 + 귀여운 캐릭터 + 댄스와 함께하는 영상'이라는 유튜브 키즈 콘텐츠 성공공식대로 영상을 제작하고 있다. ABC 키드TV의 〈코코멜론-너서리 라임(Cocomelon-Nursery Rhymes)〉 채널의 〈배스 송(Bath Song)〉도 1년 만에 3.5억 회 조회수를 기록했다.

귀여운 캐릭터로 유명했던 애니메이션 캐릭터들도 채널을 개설하고 유튜브 플랫폼에 맞춰 짧은 영상클립을 제작하고 있다. 한때 뽀통령이라고 불렸던 뽀로로(Pororo), 타요버스(꼬마버스 타요)도 이러한 흐름에 맞춰가고 있다.

귀여운 캐릭터로 콘텐츠를 제작할 때, 키즈 콘텐츠로 분류될 수 있도록 채널에 'Kids'를 포함시키는 것은 유튜브 검색 알고리즘을 고려할 때 영리한 선택일 수 있다. 콘텐츠 카테고리가 '키즈'로 분류될 경우, 검색에서 비교우위를 확보할 수 있기 때문이다. 사람들은 귀여운 캐릭터 애니메이션 영상클립을 찾고 싶을 때 Kid와 동요를 검색어로 활용한다. 게다가 어린이라는 확실한 시청자를 확보하기에도 용이하다.

그러나 기획과 제작 단계에서는 귀여움을 소비하는 시청자가 어린이뿐 아니라 전 연령이라는 점을 함께 고려해야 한다. 단순히 귀여운 캐릭터만 등장시키는 것이 아니라 콘텐츠 스토리라인과 OST(영상에 사용되는 음악)를 전 연령이 좋아할 만한 수준으로 제작해야 모두를 아우를 수 있다.

| 전 망 |

또 다른 〈아기상어〉가
가야 할 길

★

〈아기상어〉는 귀여움, 따라 하기 쉬운 춤과 입가에 맴도는 멜로디라는, 전 세계 모든 연령에서 소비가 가능한 콘텐츠의 전형이 무엇인지 명확히 보여준다. K-콘텐츠는 이제 언어 장벽마저 극복하며 확산되고 있지만 〈아기상어〉 콘텐츠는 그럼에도 더 많은 소비, 더 큰 수익을 위해서는 언어 현지화가 필요하다는 것을 알려준다. 각 언어마다 채널을 따로 개설하며, 동일 콘텐츠라도 언어별 번역 가사로 다시 노래를 제작해 소비자와 소통 채널을 관리하는 전략이 더 큰 수익과 다른 콘텐츠 소비로 이어질 수 있음을 입증하였다.

구글의 실시간 자동번역 알고리즘이 적용되어 있는 유튜브 플랫폼에서도 반짝 인기로 그치는 것이 아니라 동요와 동화라는 어린이 대상 채널로 자리매김하기 위해서는 이러한 언어 현지화 전략이 필요하다.

여러 기사에서 언급되었듯 〈아기상어〉 제작자인 스마트스터디는 처음부터 월드와이드 히트를 예상하고 이를 위해 직접 마케팅에 나선 것이 아니었다. 콘텐츠 자체가 가진 매력과 SNS 시대의 흐름에 제대로 올라탄 덕분에 성공할 수 있었다. 스마트스터디는 예상하지 못했던 성공 이후에 오히려 이전보다 SNS와 유튜브의 특성을 제대로 분석하여 대응하고 있다. 언어 현지화와 리프라이즈 전략, 핑크퐁이라는 브랜드 강화 전략, 〈핑크퐁〉 채널을 하나의 세계관으로 구성해가는 전략 등이 바로 그것이다.

물론 핑크퐁이 꽃길만 걸은 것은 아니다. 구전동요를 세계적인 히트 영상 콘텐츠로 만들었기에 표절 논란에도 시달렸다. 2011년 먼저 구전

동요를 편곡해 발표한 조니 온리는 국내 법률 대리인을 선임하고 2018년 6월 4일 스마트스터디를 상대로 저작권 침해 금지 및 손해배상 청구소송을 제기하였다. 2014년 캐나다 어린이 애니메이션 유튜브 채널 '하우디 툰스'에 마이크 위틀라가 업로드한 〈Baby Shark〉 애니메이션과도 유사하다는 논란이 있다.

〈아기상어〉 같은 성공을 꿈꾸는 콘텐츠 기획자라면 애초에 표절 논란에 시달릴 만한 것은 피해야 한다. 〈아기상어〉는 미국의 구전동요를 편곡했기에 익숙하여 더 쉽게 따라 하고 더 빨리 확산될 수 있었지만 이렇게 원전을 확인할 수 없는 구전동요의 경우 편곡이나 콘텐츠 재생산이 이미 진행되었을 확률이 높고 이를 하나하나 확인하기 어렵다는 점을 생각해야 한다.

또 후발주자의 따라 하기와 표절 가능성도 고민해야 한다. 중국 제작자 베이비버스는 〈상어 가족 추석 무도회〉라는 애니메이션 노래로 〈아기상어〉를 따라 하고 있어 〈핑크퐁〉 채널 역시 표절로 인한 피해를 겪고 있다.

후발주자는 계속 등장하고 새로운 경쟁 콘텐츠 역시 계속 만들어질 것이다. 이러한 상황에 〈아기상어〉의 성공과 성공 이후의 대응 전략은 SNS 시대에, 유튜브에 적합한 콘텐츠 전략의 방향과 가능성을 보여줄 것이다. 〈아기상어〉를 잇는 또 다른 메가히트 콘텐츠를 만들기 위해서는 수많은 후발주자들이 따라 할 수 없는 오리지널리티(Originality) 콘텐츠가 필요하다. 하나의 캐릭터나 하나의 영상, 한 곡의 인기 노래는 후발주자들이 표절하기 쉽다. 그리고 이렇게 하나만으로는 채널과 콘텐츠의 수명을 길게 유지하기 어렵다. 하지만 탄탄한 세계관은 지속적인 스토리텔링을 가능하게 하고 표절은 어렵게 만든다. 콘텐츠 기획 단계부터 이를 염두에 두어야 제2, 제3의 〈아기상어〉가 등장할 수 있을 것이다.

아무리 잘 만든 캐릭터와 영상일지라도 사람들이 자신의 SNS에 올리고 따라 하는 콘텐츠가 아니라면 인기를 얻기 어렵다는 점도 잊지 말아야 한다. 인플루언서의 관심을 끄는 것은 단순히 잘 만든 것이 아니라 따라 하고 싶은 것, 그러면서도 뻔하지 않은 것, 자주 보지 못했던 것이다. SNS와 플랫폼 생태계를 이해하고 활용할 줄 아는 제작자만이 전 세계를 누비는 또 한 마리의 상어를 만들어낼 수 있다.

YOUTUBE
K★CONTENTS
REVOLUTION

| 제 2 장 |

유튜브와
K-콘텐츠 산업

K-드라마는
유튜브를 타고
유통된다

1990년대 후반 시작된 초기 한류는 K-드라마를 통해 성장했다고 해도 과언이 아니다. 일반적으로 한류의 태동으로는 1997년 〈사랑이 뭐길래〉의 성공을 꼽는다. 당시 중국 공영 CCTV에서 4.3%의 높은 시청률을 기록하며 본격적으로 한류 붐이 일어난 것이다.

　　이후 '욘사마', '지우히메' 열풍을 불러일으킨 〈겨울연가〉**(2004)**, 남성 중장년층까지 공략한 〈대장금〉**(2008)** 등 K-드라마는 가장 선두에서 한류를 견인하는 콘텐츠로 자리매김해왔다. 이때 '한류 = 한국 드라마 = 한국'이라는 공식이 등장하며 드라마를 통해 한국에 대한 호의적 태도와 긍정적인 관심이 형성되었고, 이는 한국 문화 전반에 관한 관심으로까지 확장되었다.

문화상품 수출의 교두보,
K-드라마

★

한류는 2008~2010년을 전후로 신한류, 혹은 한류 2.0 시대로 진입한다. 초기보다 콘텐츠 파급력이나 화제성에 있어서는 다소 위상이 낮아졌지만, K-드라마는 여전히 〈찬란한 유산〉**(2009)**, 〈상속자들〉**(2013)**, 〈별에서 온 그대〉**(2014)** 등의 작품으로 화제를 몰고 왔으며 계속해서 글로벌 한류 스타를 탄생시켰다.

K-드라마는 점점 국내뿐만 아니라 동아시아를 주축으로 한 해외를 타깃팅하며 제작되었고 많은 부분 성공을 거둬왔다. 중화권에서는 이미 20여 년간 K-드라마를 자국 문화시장에 수용하며 K-콘텐츠의 향유를 자연스럽게 받아들이고 있다.

또한 K-드라마는 한류 분야를 확장시키고 타 산업이 해외로 진출하는 데 가장 큰 교두보 역할을 한 바 있다. 드라마가 성공을 거듭할수록 한국의 패션, 뷰티, 노래, 음식 등 한국 문화상품까지 빈번하게 노출되며 대중들의 이목을 끌었다. 드라마는 지속적으로 스타를 향한 대중들의 재현과 모방 욕구를 추동했고, 이는 한류 스타가 입었던 옷, 썼던 제품, 먹은 음식, OST 등에까지 그 영향력을 발휘했다. 이처럼 K-드라마는 콘텐츠를 통해 다양한 한국 제품들과 문화를 소개할 수 있다는 측면에서 또 다른 한류를 느끼게 하는 창구로 기능한다.

소셜미디어 시대,
K-드라마 소비층의 변화

★

K-드라마를 통해 탄생한 한류 스타, 그리고 한류 스타에 대한 모방과 재현

의 욕구는 제일 먼저 K-관광으로 이어졌다. 특히 〈겨울연가〉의 인기에 힘입어 많은 관광 회사들이 일본 관광객을 타깃으로 투어 상품을 출시한 바 있다. 30~40대의 중장년층 여성 팬들을 중심으로 한국에 직접 방문해서 드라마 로케지를 돌고 동시에 한국 상품을 구매해오는 관광 붐이 일어났고, 개인적으로 여행을 오는 팬층도 생겨났다. 더불어 자국 내에서 한국을 느끼고자 하는 대중들의 열망에 따라 일본에서는 도쿄도 신주쿠구 신오쿠보에 있는 코리아타운이 함께 주목을 받았다.

이후 한류는 '신한류', '한류 2.0', '한류 3.0', '한류 빅뱅 시대' 등 다양한 신조어로 일컬어지는 2010년대로 나아간다. 이 시기에는 K-드라마에서 K-팝으로 그 중심이 이동하였는데 2009년 드라마 팬을 중심으로 OST를 통해 1세대 K-팝 붐이 일었다. 기존에도 일본 시장에서 보아 등의 한국 아티스트가 성공한 사례가 존재했지만, 그것은 한국 아티스트의 J-팝이었다는 점에서 K-팝 붐과는 질적으로 달랐다. 이 당시 1세대 K-팝 한류 스타인 동방신기, 빅뱅 등의 남성 그룹이 먼저 일본 시장에 진출했으며, 이후 2010년도부터는 여성 그룹들도 진출했다.

한류는 중심 콘텐츠의 변화뿐만 아니라 향유 방식에서도 2010년대를 전후해서 차이를 보인다. 향유 방식 변화의 가장 큰 요인으로 지목되는 것이 '소셜미디어의 출현'이다. 주로 관광과 매스미디어를 통해 한류를 향유했던 기존 소비자들과 달리 유튜브, 페이스북, 트위터 등 글로벌 소셜미디어 플랫폼의 출현은 자연스레 한류 향유층을 상대적으로 미디어 사용이 자유로운 젊은 층으로까지 확대시켰다. 초기 한류의 주요 소비자층이 30~40대였다면, 소셜미디어의 출현 이후 10~20대 또한 한류의 주요 소비자층으로 부상했다.

소비자층의 변화는 K-콘텐츠 기획 및 유통에서 유튜브의 영향력이 더욱 커지게 했다. 이제 콘텐츠 생산 시부터 변화한 소비자층의 소통 및 향유 방식에 따라 소셜미디어의 활용이 필수적으로 고려되고 있다. 유튜브에 〈강남스타일〉 뮤직비디오를 공개한 이후 일약 글로벌 스타로 거듭난 싸이, 빌보드 차트를 휩쓸고 있는 방탄소년단 등이 주요 사례다.

이 밖에도 지역적 측면을 살펴보면 신한류 시대에는 동남아시아에 국한되어 있던 한류가 북미, 남미, 유럽, 중동으로까지 퍼졌다. 한마디로 소셜미디어가 한류 향유의 주요 플랫폼으로 부상하면서 한류의 소비자층 확대, 지역적 확장 등의 주요 변화를 가져왔다.

유튜브와
K-드라마의 변형

★

K-드라마의 인기에 힘입어 해외로 전파되기 시작한 K-팝은 한류의 주요

소비 플랫폼으로서 소셜미디어가 부상함에 따라 더욱 그 위상을 공고히 하게 되었다. 특히 세계 최대 동영상 공유 사이트인 유튜브의 영향력이 증대됨에 따라 플랫폼 유형과 콘텐츠 유형 간의 상호적합성이 중요해졌다. 유튜브 출범 초기에는 메모리의 한계로 인해 5분 내외의 짧은 영상 콘텐츠를 중심으로 공유와 전파가 이루어졌는데, 이는 3~5분 내외로 제작되는 K-팝의 특성과 딱 맞아떨어졌다. 당시 전문가들 또한 K-팝의 급속한 전파의 요인으로 SNS를 꼽았고, 프랑스의 〈르몽드(Le Monde)〉지는 2011년 'SM Town Live In Paris' 공연 관련 기사에서 "K-팝이 한국을 세계에 가장 잘 알릴 수 있는 방법인 만큼 SNS를 통해 한국의 문화상품 수출 비중이 더욱 커질 것"으로 전망한 바 있다.

반면 K-드라마는 TV 드라마가 지닌 속성상 K-팝에 비해 상대적으로 소셜미디어의 혜택권 밖에 위치했다. 40~50분 내외의 영상 길이, 몇십 부작으로 이루어지는 스토리 전개 등은 이동성이 높은 모바일 디바이스를 기반으로 하는 영상 유통 소셜미디어 플랫폼에는 적합하지 않았다. 또한 영상 콘텐츠를 직접 업로드하고 유통시키는 유튜브의 특성상 K-드라마를 유튜브 콘텐츠의 직접 소재로 사용하는 것은 저작권 문제로 인해 어려움이 컸다. 때문에 K-드라마를 시청하는 영상 콘텐츠보다는, K-드라마를 통해 한류 스타로 급부상한 스타들의 영상 모음, 인기를 얻은 OST, K-드라마 추천 콘텐츠 등이 주를 이룬다.

실제로 유튜브에서 'Korean drama'라는 키워드로 검색하면 'Korean drama OST 모음', 'best korean drama 20', 'korean drama reaction' 콘텐츠가 상위에 노출된다. 또 한류 스타로 급부상한 연예인들의 이름으로 검색하면 해당 연예인의 사생활, 직캠, 주요 명장면 등을 편집한 콘텐츠들이 상위에 오는 것을 볼 수 있다.

제작사 측에서 직접 드라마의 풀영상을 올려주는 경우도 있으나, 이는 매우 드문 케이스로 거의 관찰되지 않는다. 오히려 저작권 문제를 피해 가면서 시청 수를 높이기 위해 유튜버들이 편집해 올리는 콘텐츠가 주를 이룬다. 드라마 제작사 또한 유튜브를 통한 드라마의 화제성 증가를 목적으로 공식 유튜브 채널을 개설하고 10분 미만의 시청자들의 흥미를 끌 만한 하이라이트 영상을 주로 게시하고 있다.

K-드라마 관련 콘텐츠 중 가장 많이 제작되고 유통되는 것은 리뷰 영상이다. 특정 K-드라마를 단독으로 리뷰하거나, 혹은 유튜버 본인이 상위권 K-드라마를 선별하여 추천하는 'Top 10 Korean Dramas' 식의 유형이 주를 이룬다. 유튜버가 직접 등장하여 리뷰하는 콘텐츠의 경우 한국 문화와 한국 드라마에 전반적으로 관심이 있는 대중들에게 K-드라마에 대한 정보를 전달하고 더 나아가 댓글로 구독자와 소통함으로써 콘텐츠 파급력을 높인다. 단순 드라마 추천 콘텐츠는 대부분 유튜버가 등장하지 않으며 드라마 영상 클립과 주요 줄거리 소개 등 정보 전달을 주목적으로 제작된

| 사진 1 | 한국 드라마 〈슈츠〉 대 미국 드라마 〈SUITS〉 비교 리뷰

다. 커버댄스 영상 등 보다 적극적으로 콘텐츠 재생산이 이루어지는 K-팝
분야와 달리, K-드라마는 한류에 대한 관심을 충족시키기 위한 일종의 뉴
스 콘텐츠로서 제작된다는 점에서 차이가 있다.

　　다음으로 자주 찾아볼 수 있는 K-드라마 관련 콘텐츠는 리액션 영상
이다. 주로 콘텐츠 제작 시점에서 가장 인기 있고 화제성이 높은 드라마를
대상으로 하며, 타 콘텐츠에 비해 제작법이 쉬워 진입 장벽이 낮기 때문에
많은 유튜버들이 손쉽게 만든다. 형식은 화면 한편에 작게 드라마 영상을
띄우고 드라마를 시청하는 지인 혹은 유튜버 본인의 반응을 녹화하는 식
이다.

　　K-드라마의 주 소비층이 동남아권인 것에 반해 리액션 콘텐츠는 미

주, 유럽인들이 제작하는데, 따라서 상대적으로 자국 드라마와는 다른 K-드라마의 특성, 문화적 차이 등에 따른 반응이 두드러진다. 특히 K-드라마에서 자주 사용되는 클리셰나 대사 등에 낯설어하는 모습 등을 집중적으로 보여준다.

이처럼 유튜브에서 유통되는 유튜버들의 K-드라마 관련 콘텐츠는 K-팝, K-뷰티, K-푸드 등 타 분야에 비해 콘텐츠 유형이 상대적으로 한정적이고, 정보 전달의 성격이 강하다. 타 분야에서는 유튜브가 유튜버들이 스스로 콘텐츠를 생산하고 유통시키는 수평적 장으로 기능하였다. K-드라마 분야에서는 그 기능이 다소 약화되어 있으며, 오히려 미디어 변화에 따라 새롭게 등장하는 장르 드라마의 유통 채널로서의 면모를 엿볼 수 있다.

| 사진 2 | 미국인의 한국 드라마 처음 보기

웹드라마 유통 채널로써의
유튜브

★

소비자의 미디어 시청이 매스미디어에서 뉴미디어로, 이동성이 높은 모바일 기기로 중심이 옮겨감에 따라 한국은 웹드라마 제작에 박차를 가하고 있다. 웹드라마는 모바일 기기의 주 사용층이자, 하이라이트 짜깁기 영상에 익숙한 10~20대를 타깃층으로 삼는다. 때문에 5분에서 20분 내외의 짧은 러닝타임과 그에 맞는 소주제 차용, 참신한 연출 등이 주된 특징이다.

웹드라마는 기존 드라마 제작방식을 차용해오지만 영상의 러닝타임이 짧다는 측면에서 다소의 변형을 보여준다. 기존 드라마가 계속 이어지는 스토리를 전개하는 전형적인 연속물 형태라면, 웹드라마의 경우 각 에피소드마다 부제를 설정하고 그에 따라 중심인물과 사건이 달라지는 독립적인 스토리가 진행된다는 점에서 변형 방식이라 할 수 있다.

국내에서는 KBS, MBC, SBS 등의 공중파 채널에서도 웹드라마를 선보이고 있으며, 네이버TV와 다음카카오TV 등 국내 포털과 더불어 페이스북, 유튜브에서도 지속적으로 웹드라마 콘텐츠를 유통한다.

그중에서도 네이버TV가 한국 웹드라마 제작 및 유통의 선두주자로 나가고 있다. 네이버는 2012년부터 국내 최초로 웹드라마 전용관을 개설하여 다양한 장르의 작품을 소개했다. 한국콘텐츠진흥원과 네이버는 지난 2015년 웹드라마 시장 활성화를 위한 업무협약(MOU)을 체결한 바 있으며, 이에 따라 문화체육관광부와 한국콘텐츠진흥원은 우수 웹드라마 기획안의 발굴 및 제작 지원을 담당하고, 네이버는 웹드라마의 온라인 서비스, 프로모션 등의 역할을 수행했다.

현재는 네이버 V라이브의 구독자 중 한류 인기가 높은 동남아 중심의 해외 구독자 비중이 약 90% 이상인 것을 활용해 글로벌 K-콘텐츠 플랫폼을 목표로 하며, 독점 공개하는 V오리지널 콘텐츠를 지속적으로 제작하는 등의 노력을 기울이고 있다.

유튜브는 거대 유통 채널로서 웹드라마 제작사들의 주요 플랫폼 중 하나다. 국내에서 제작되는 웹드라마는 네이버와 더불어 유튜브에도 필수적으로 업로드된다. 네이버 V라이브에서 선공개되면 유튜브와 견주어도 손색이 없을 만큼 높은 조회수와 화제성을 보이는 웹드라마 콘텐츠가 있지만, 전 세계를 대표하는 유통 채널로서는 유튜브의 영향력이 단연 압도적이기 때문이다.

웹드라마 제작사는 자체적으로 해외 구독자를 대상으로 한 공식 채널을 따로 개설하여 영어 자막을 단 글로벌용 웹드라마를 다시 올리거나, 콘텐츠 내에 영어 자막을 삽입하고 있다.

특히 국내에서 〈에이틴〉이라는 작품으로 역대급 흥행을 기록한 웹드라마 제작사 플레이리스트는 유튜브 채널 〈플레이리스트 글로벌(PlayList

Global)〉을 따로 개설하여 해외 구독자들과 소통한다. 플레이리스트의 네이버 V라이브 채널 구독자 수는 2018년 12월 현재 32만 명인데 유튜브 구독자 수는 한국 채널이 180만 명, 글로벌 채널은 74만 명에 육박한다. 기존 K-드라마는 플랫폼과 맞지 않는 특성상 소셜미디어의 혜택권 밖에 있었다. 그러나 소비자의 콘텐츠 취향 및 향유 방식의 변화를 고려하여 새롭게 등장한 웹드라마는 다시금 유튜브를 통해 K-드라마의 활로를 모색하고 있다.

| 전 망 |
K-드라마의 미래
★

유튜브는 디지털 기술의 발전과 새로운 미디어의 출현에 따라 소비자의 콘텐츠 향유 형태가 변화한 오늘날 K-콘텐츠를 실어 나르는 가장 중요한 유통창구다. 따라서 드라마 기획 단계부터 이러한 미디어의 활용을 충분히 고려하여 새로운 유형의 콘텐츠를 제작할 필요가 있다. 일례로 2010년 공중파 흥행에는 실패한 드라마 〈장난스런 키스〉의 제작사 그룹에이트가 유튜브에 〈장난스런 키스 특별판 공식 채널〉을 개설해 올려 해외 네티즌의 주목을 받은 바 있다. 10분 분량의 7부작으로 재편집된 〈장난스런 키스〉는 미주, 서남아시아, 아프리카까지 시청자를 확산시키며 해외 네티즌들의 큰 호응을 얻어냈다. 이처럼 같은 콘텐츠라 할지라도 미디어 특성에 따라 재편집함으로써 새로운 부가가치를 창출해낼 수 있다.

물론 기존 공중파 중심의 K-드라마 또한 동남아권 외에 미주, 유럽, 중동 등으로 콘텐츠를 수출하며 지역적 확장에서는 유의미한 결과를 낳고 있다. 〈굿닥터〉를 리메이크한 미국 ABC의 〈더 굿 닥터〉는 월요일 밤 10시 시청률 1위를 차지하며 압도적 성과를 냈고 〈시그널〉, 〈기억〉, 〈미생〉 등 또한 일본에서 리메이크되어 호평을 받았다. 이 밖에도 태국, 터키, 콜롬비아, 인도 등에도 K-드라마의 리메이크 판권이 수출되었다.

《2018 해외한류실태조사》의 '한류 소비에 따른 한국 인식 경향 조사'에 따르면 미주와 중동 지역의 소비자 중 'TV 드라마' 소비 비중이 높은 층에서 한국에 대한 호감도가 크게 나타났다.

이 같은 결과로 미루어볼 때, 여전히 드라마가 한국 이미지의 제고에서 타 분야에 비해 영향력이 높다고 할 수 있다. 《2015 한류의 경제적 효과에 관한 연구》에 따르면 K-콘텐츠의 소비자 점유율을 조사한 결과 K-드라마 마니아층이 한국 애니메이션, 한국 게임 등에 비해 비중이 높게 나타났다. 이처럼 K-드라마는 K-콘텐츠로서 산업적 가치가 뛰어남과 동시에 국가 브랜드 형성에 기여하는 등 고부가가치 상품이자 가장 강력한 홍보 창구다. 글로벌 시장에서 K-드라마의 지속가능성을 고민할 때, 공중파를 중심으로 해외 진출을 도모하는 기존 방식과 더불어 유튜브라는 뉴미디어를 활용하여 K-웹드라마를 발전시키는 방식을 함께 모색할 필요가 있다.

2015년 7월 출범한 국내 첫 웹드라마 전문 영화제이자 아시아 유일의 웹드라마 전문 영화제인 '서울웹페스트(Seoul Webfest)'는 2019년 올해로 4회를 맞이하고 있다. 또한 콘텐츠 프로듀싱 그룹 뮤와쳐의 웹드라마 〈특근〉이 '2019 제4회 아시아 레인보우 TV 어워즈(2019 4th ASIA Rainbow TV Awards)'에서 한국 최초로 웹드라마 부문 우수작품상을 수상한 바 있다. 아시아권 방송콘텐츠마켓 '2019 홍콩 FILMART'에서는 72초의 웹드라마 〈이너뷰〉 등이 주목받았다. 이처럼 K-드라마 제작자들은 그 역량을 십분 발휘해 뉴미디어 플랫폼에 맞추어 새로운 K-드라마 콘텐츠를 양산해내며, 이에 따라 해외 관심도 및 거래 또한 확대되고 있음을 확인할 수 있다.

K-드라마는 과거 명실상부한 한류의 견인차였다. 오늘날에는 타 산업 또한 적극적으로 해외에 진출함에 따라 그 영향력이 다소 약화되었지만 K-드라마 콘텐츠의 저력은 뉴미디어의 출현, 소비자와 시장의 변화에 따라 빠르게 새로운 형태로 발휘되고 있다. 과거의 성공에 안주하는 것이 아니라 미래를 향해 적극 대응할 때 향후 K-드라마의 위상은 보다 공고해질 것이다.

K-뷰티,
화장품 산업의
첨병이 되다

오늘날 K-뷰티는 K-팝과 함께 한류를 이끄는 주역으로 평가받는다. 일반적으로 뷰티는 메이크업부터 네일, 헤어 등 미용 분야 전반을 지칭하는 말이나, 글로벌 환경에서 K-뷰티는 스킨케어, 색조 등으로 구성된 메이크업 제품과 맑고 촉촉한 피부를 연출하는 화장술, 그리고 메이크업 제품 제조 기술 등을 뜻하는 말로 통용된다.

미국의 유명 편집숍 세포라에는 한국의 토니모리, 투쿨포스쿨 같은 로드숍 제품부터, 국내에서는 생소하지만 아예 글로벌 시장을 타깃으로 해 K-뷰티 제품임을 전면적으로 내세우며 출시된 카자(kaja) 등이 인기를 얻고 있다. 색조화장품 외에도 국내의 스킨케어 루틴은 하루를 마치고 스스로에게 선사하는 힐링의 개념으로 외국에 수출되고 있기도 하다.

2018년 5월에는 세계적인 화장품 기업 로레알이 스타일난다의 코스메틱 브랜드 '3CE'를 약 6,000억 원에 인수한다고 발표해 큰 화제를 불러온 바 있다.

업계는 3CE가 중국인 관광객인 유커들의 선호도 1위에 꼽히는 코스메틱 브랜드이자 홍콩, 동남아 등지에서도 큰 인기를 얻은 대표적인 K-뷰티 브랜드임이 로레알 인수 결정에 유의미한 영향을 미쳤다고 보았다. 특히 중국 시장은 앞으로 뷰티 산업 쪽에서 무한한 발전 가능성이 점쳐지며, 이 중에서도 색조화장품 시장이 강세를 보임에 따라 색조를 주무기로 내세우는 3CE가 로레알의 필요에 부합했다는 평이다.

이 밖에도 아모레퍼시픽, LG생활건강, 네이처리퍼블릭 등 다양한 뷰티 업체가 해외에 진출하여 괄목할 만한 성과를 내고 있다. 아모레퍼시픽은 이미 1964년 국내 화장품으로는 처음으로 해외 수출을 달성한 바 있으며, 아시아 지역에서는 2017년 동기 대비 10% 이상 매출이 성장했다. LG생활건강 또한 1997년 베트남에 진출하여 고급 브랜드 '오휘', '후'를 선보인 이후 베트남 고급 화장품 시장 매출 1위의 입지를 다지고 있다. 로드숍 브랜드인 '이니스프리', '에뛰드하우스', '더페이스샵' 등도 세계 곳곳에 진출하여 지속적인 확장세를 보이고 있는 추세다.

한국 화장품의 기술력은 이미 전 세계적으로 인정받고 있다. 특히 로드숍 브랜드를 주축으로 한 국내 뷰티 제품은 저렴한 가격에 비해 뛰어난 퍼포먼스를 보이며 성분면에서도 안정성을 높게 평가받는다. 더군다나 외국인들이 생소하게 여기는 달팽이 점액, 봉독(꿀벌의 산란관에서 나오는 독액) 등을 화장품에 활용하는 등의 색다른 시도가 해외 소비자들에게 매력적으로 다가간다는 평이다.

그중에서도 지리적, 문화적으로 가까운 중국 시장을 중심으로 크게 성장하고 있는 추세다. 최근에는 사드 사태로 인해 중국 시장이 위축되면서 미국, 중동, 유럽, 오세아니아, 인도네시아 등으로의 적극적인 모색이 이루어지고 있다.

유튜브, 뷰티 크리에이터,
그리고 K-뷰티

★

K-뷰티의 인기를 견인하는 것은 단연 유튜브다.

초창기 K-뷰티는 K-드라마의 확산으로 인하 한국 스타들의 해외 진출과 함께 그 관심도가 높아졌다. 한국 스타들의 화장법과 스타일을 따라하고자 하는 팬층이 형성되며 자연스럽게 한국 뷰티 산업계에 대한 호감이 생긴 것이다. 단순히 한국 화장품만이 아니라 한국 특유의 스킨케어 루틴, 메이크업 스타일 등까지 주목받았다. 이러한 시대적 상황에서 등장한 소셜네트워크 서비스, 그중 유튜브는 밈(meme) 현상의 대표적인 발화장으로 K-뷰티 콘텐츠를 제작하고 유통시키는 거대한 기반이 되었다.

피부에 직접적으로 영향을 끼치는 뷰티 제품의 특성상 실제 사용 경험 정보 등이 중요하다는 점, 한국의 뷰티 스타일을 흡수한 수용자들이 그것을 모방하고 재창조하고자 하는 욕망이 있다는 점에서 유튜브는 두 가지 모두를 충족시키는 훌륭한 플랫폼이었다.

K-뷰티의 인지도가 다소 낮았던 초반에는 한국어를 사용하는 한국인 뷰티 콘텐츠 크리에이터들이 주류였다. 씬님, 라뮤끄, 곽토리 같은 국내 뷰티 크리에이터 1세대들이 예능감을 적절히 섞은 뷰티 튜토리얼과 진솔한 메이크업 제품 리뷰 콘텐츠들을 다수 올려 폭발적인 인기를 얻었으

나, 이는 글로벌 시장보다는 국내를 타깃팅한 성향이 강했다. 드물게 리아유와 같이 초창기부터 K-뷰티 제품을 해외에 알리기 위해 영어로 콘텐츠를 제작한 크리에이터들이 존재했으나, 한류를 의식한 뷰티 콘텐츠의 흐름이 형성되었다고 말하기엔 미약했다.

이에 반해 현재는 한국어를 사용해도 영어, 일본어, 중국어 등의 자막을 추가하거나, 해외용 영상을 따로 제작하는 크리에이터가 점차 느는 추세다. 특히 유튜브에 접속할 수 없는 중국 시장을 겨냥하여 중국 플랫폼에 따로 영상을 업로드하는 크리에이터들이 등장했다. 이 밖에도 글로벌 시장을 타깃으로, 영어로 말하되 한국어 자막을 넣기도 한다.

한류 속
K-뷰티 크리에이터

★

본래 유튜브와 같은 소셜네트워크 서비스 플랫폼에서는 가장 먼저 시작하는 사람일수록 지지층 구축에서 우위를 점하기 쉽다. '인터넷상에서 일주일은 현실 세계에서 1년과 같다'는 우스갯소리가 있을 정도로 빠르게 변화하는 인터넷 시장에 아무 기반 없는 신입이 들어가 성과를 내기가 어렵기 때문이다. 때문에 이미 타 미디어를 통해 인지도를 확보한 연예인 등과 같은 예외적인 경우를 제외하고는 일반인들은 초기 지지층 구축에 상당한 어려움을 겪는다.

하지만 국내에서만 소비되던 K-뷰티 콘텐츠가 점차 해외로 진파됨에 따라 이와 같은 현상을 뒤집는 크리에이터들이 부상하고 있다. 썬님, 라뮤끄, 곽토리 같은 1세대 크리에이터들은 몇 년 전까지만 하더라도 명실상부한 국내 1위 뷰티 크리에이터로 호명되었다. 그러나 현재는 이들을 추월하는 구독자 수를 지닌 크리에이터가 나타나는 등 그 영향력이 상대적으로 저하된 것을 볼 수 있다. 이 같은 변화에는 다양한 원인이 존재하겠으나, 그중 하나로 K-콘텐츠가 세계 시장으로 유통되면서 해외 이용자들의 신호도에 따라 파급력이 달라진 것을 꼽는다.

현재 한국의 대표 뷰티 콘텐츠 크리에이터로 가장 먼저 포니를 들 수 있다. 포니는 2019년 5월 약 500만 명의 구독자 수를 자랑하는 파워 유튜

| 사진 1 | **포니의 촉촉 코랄 메이크업**

버로 본인의 메이크업 브랜드도 런칭해 높은 부가가치를 창출하고 있다. 포니는 기존에도 싸이월드를 기반으로 뷰티 콘텐츠를 약 10년간 제작해왔기에 국내 인지도를 일정 부분 확보한 상태였다. 그러나 2NE1 소속 아이돌 가수 CL의 메이크업을 맡으면서 뛰어난 실력, 일반 연예인보다 아름다운 외모 등으로 국내뿐만 아니라 해외 인지도가 매우 높아졌다.

포니를 K-뷰티의 대표 크리에이터로 급부상시킨 영상 콘텐츠는 해외 유명 가수 테일러 스위프트 커버 메이크업과 촉촉 코랄 메이크업이다. 전자가 동양인의 외모를 메이크업만으로도 테일러 스위프트와 거의 흡사하게 탈바꿈시켰다는 점에서 큰 호응을 얻었다면, 후자는 자연스럽고 맑은 피부 표현, 코랄로 통일한 은은한 색조메이크업 등의 한국식 뷰티를 보여주면서 큰 호응을 얻었다.

각각 조회수가 1,900만, 1,400만을 넘는다. 두 콘텐츠는 메이크업 아티스트로서 포니의 전문성을 보여줌과 동시에 뷰티 튜토리얼로서 흡입력까지 갖추었다는 점, 그리고 일반 K-스타들 못지않은 크리에이터 본인의 외모를 적절히 활용한다는 점에서 유튜브 수용자들에게 모방과 재현을 추동할 정도로 매력적이다.

다음으로 이사배를 들 수 있다. 이사배는 아프리카TV에서 메이크업을 실시간으로 보여주고 소통하는 BJ로 먼저 인기를 얻었다. 이후 콘텐츠 업로드 플랫폼을 확장하면서 현재는 유튜브를 주 플랫폼으로 활동한다.

| 사진 2 | 이사배의 원더걸스 선미 메이크업

이사배는 메이크업 아티스트로서 쌓은 다년간의 경력을 바탕으로 유명 연예인의 커버 메이크업을 생방송으로 진행함으로써 많은 화제를 낳았다. 전문가가 아닌 뷰티 콘텐츠 크리에이터로서는 따라 할 수 없는 영역을 선구적으로 파고듦으로써 이목을 끈 것이다. 특히 가수 선미의 커버 메이크업이 큰 호응을 불러일으켜 현재는 국내 뷰티 유튜버 구독자 수 2위의 파워 유튜버로 거듭났다.

이사배는 제품 리뷰보다는 아티스트로서 메이크업을 활용한 '변신'에 초점을 맞췄다. 연예인 커버 메이크업 외에도 제품을 소량씩 사용하여 조금씩 메이크업을 덧칠하는데도, 결과물을 보면 처음 얼굴과는 확연히 달라진 모습에 시청자들은 감탄하기에 바쁘다. 아주 작은 점과 잡티를 몇 개

커버하고, 앞머리를 1밀리미터 덧그리거나 콧대에 선 하나 그은 것에 불과한데도 말이다. 이사배만의 전문 메이크업 기술이 K-스타들의 외모와 만나 극대화된 효과를 창출했다.

마지막으로 정샘물 아티스트는 국내에서 이미 메이크업 아티스트의 대모이자 선구자로 존경받아왔으나, 탕웨이 메이크업 전후 사진이 공개되면서 본격적으로 일반인에게까지 유명해진 사례다. 탕웨이는 2010년 영화 〈만추〉를 계기로 한국 활동을 시작했으나, 부자연스러운 메이크업 때문에 고유의 매력이 제대로 드러나지 못하고 촌스러운 느낌마저 나던 상황이었다. 그러나 본인의 혈색과 매력을 살려내는 정샘물표 메이크업을 받은 이후 지적이면서도 온화한 느낌으로 변해 많은 이들에게 극찬을 받았다.

이를 필두로 정샘물은 정보성 뷰티 프로그램에 출연하며 화장을 하면 할수록 점점 본인의 피부같이 보이는 내추럴 피부 표현, 전문가가 제안하는 색조 활용 등으로 명실공히 한국 최고 아티스트로서의 입지를 확고히 했다. 2015년 본인의 뷰티 브랜드 '정샘물(JUNG SAEM MOOL)'을 런칭하였으며, 아시아에서 사랑받는 2018 대표 한류 브랜드(브랜드스타즈선정위원회)로 선정된 바 있다. 정샘물은 아직 포니와 이사배에 비해 유튜브 구독자 수는 적지만, 한국 하면 먼저 떠오르는 K-뷰티의 대표적인 아티스트로 자리매김했다는 점에서 의미가 있다.

K-뷰티
셀럽의 탄생
★

앞서 나열한 뷰티 크리에이터는 모두 1세대보다 몇 년 후 출발한 후발주자들이다. 그러나 인지도, 유튜브 구독자 수 등에서 선발주자들을 추월하고 있다. 나아가 글로벌 시장에서 대표성을 띤 K-뷰티 셀럽이 되었다.

세 크리에이터의 공통 특징은 첫째, 전문성이다.

일반인으로 시작한 1세대와는 달리 포니, 이사배, 정샘물 모두 메이크업 아티스트로서 교육 과정을 밟고 전문가로 활동한 경력을 바탕으로 콘텐츠를 제작했다. 탄탄한 경험이 뒷받침되어 아주 초보부터 메이크업을 어느 정도 할 줄 아는 대중들까지 모두 따라 할 수 있는 뷰티 콘텐츠를 만들어냈다. 많이 알아야 더 쉽게 가르칠 수 있는 것처럼 그들이 제작하는 콘텐츠는 타 크리에이터보다 타깃층이 넓다.

둘째, 메이크업을 통한 변신에 주목했다. 해외의 경우 다양한 제품을 리뷰하는 파워 유튜버가 존재하지만, K-뷰티 유튜버는 연예인 커버 메이크업, 혹은 메이크업 기술에 중점을 둔 콘텐츠가 인기를 얻는다는 점에서 특징적이다. 이는 K-뷰티에 대한 관심이 제품뿐 아니라 한국식 메이크업의 모방과 재현까지 확장되어 있는 글로벌 소비자층의 욕구를 정확히 파악한 것이다. 때문에 보다 높은 파급력을 지녔다.

셋째, 동일시 효과를 불러일으키는 외모다. 얼굴이 전면으로 드러나는 영상 콘텐츠 크리에이터로서, 특히 뷰티 유튜버로서 외모는 부정할 수 없는 중요 자산이다. 뷰티 튜토리얼 콘텐츠는 K-스타가 대중의 모방 욕구를 불러일으키듯 뷰티 크리에이터에 대한 모방 욕구를 추동해야만 더 많은 사용자에게 전파될 수 있다. 이런 측면에서 지상파 광고에도 기용될 만큼 아름다움을 인정받은 포니와 이사배는 동일시 효과를 불러일으키는 크리에이터로서 단연 독보적이다. 정샘물의 경우 본인이 직접 나서지 않고 모델을 기용해 콘텐츠를 제작한다는 점에서 차이를 보이나, '갓(god)샘물'이라고 불릴 만큼 뛰어난 메이크업 기술로 이를 보완하고 있다.

전술한 뷰티 크리에이터들의 공통점을 종합해볼 때, 한류로 뻗어나가는 뷰티 크리에이터의 경우 제품 정보 전달뿐만 아니라 메이크업을 활용한 변신을 통해 볼거리를 제공하고, 연예인 커버 메이크업 등으로 한국식 메이크업의 모방과 재현, 재창조를 추동한다는 점에서 차별성을 지닌다. 부차적으로는 고도화된 편집 기술이 뒷받침되어 보다 고품질의 영상을 생산해 크리에이터가 지닌 전문성, 기술, 외모 등을 부각시키고 있었다.

K-뷰티의
해외 반응 콘텐츠

★

글로벌 시장에서 K-뷰티의 위상이 제고됨에 따라 유튜브에서도 K-뷰티에 대한 해외 반응 콘텐츠가 점차 늘고 있다. 해외에서 주목받는 국내 뷰티 크리에이터들이 K-뷰티 제품을 직접적으로 사용하여 전문성, 기술, 외모 변신 등을 보여주며 뻗어나간다면, 해외 크리에이터들은 타 문화를 수용하는 입장에서 콘텐츠를 제작하며 보다 다변화된 관점들을 보여준다.

K-뷰티에 대한 해외 유튜브 콘텐츠는 크게 세 가지로 나뉜다.

첫째, 한국의 메이크업 제품 리뷰다.

한국 제품에 대한 호기심에서 비롯된 것으로 특히 Shaaanxo, Tati와 같이 제품 리뷰를 주 콘텐츠로 삼는 파워 유튜버들의 영상에서 많이 찾아볼 수 있다. 한국 제품은 귀여운 패키지가 독보적이며, 쿠션 등은 타국의 메이크업 브랜드에서는 찾을 수 없는 혁신적인 제품이라는 평가가 주를 이룬다. 특히 동물 캐릭터를 모티브로 한 메이크업 포장 디자인이 자주 소개되는데 대표적으로 토니모리의 팬더 핸드크림이나 동물 모양 마스크팩 등이 호응을 얻고 있다.

아모레퍼시픽이 개발해 한국의 대표 제품으로 자리 잡은 쿠션 파운데이션은 그 내용물이 립스틱, 블러셔 등으로 바뀌며 꾸준히 해외 소비자들의 눈길을 사로잡고 있다. 쿠션 틴트, 쿠션 블러셔, 쿠션 립스틱 등 다양한 제품이 K-뷰티를 전면에 내세우며 세포라에 입점하는 추세다. 다만 여

| 사진 3 | 파워 유튜버 Shaaanxo의 한국 화장품 리뷰

전히 다인종에 대한 고려가 미흡한 파운데이션 컬러와, 한국보다 매트하고 두꺼운 화장을 선호하는 미국 문화가 제품 특성상 촉촉할 수밖에 없는 쿠션 파운데이션과는 맞지 않다는 점에서 난항을 겪고 있기도 하다.

둘째, 한국식 메이크업의 모방과 재창조다.

한국식 메이크업이라 함은 보편적으로 K-스타들의 메이크업으로 이를 따라 하는 것이 주를 이룬다. 한국과는 전혀 다른 외모적 특성을 지닌 유튜브 크리에이터가 한국식 메이크업을 따라 하면서 느끼는 낯설음을 비롯한 감정 표현, 혹은 본인에게 걸맞게 재창조하는 콘텐츠가 대표적이다. 이 유형은 특히 유튜버 sichenmakeupholic처럼 아시아 지역에 속하면서 다른 나라들보다 한류가 깊이 침투한 국가의 유튜버들에게서 많이 발견되

| 사진 4 | 파워 유튜버 Tati의 한국 화장품 리뷰

었다. 그러나 한류가 보다 넓은 지역 및 국가를 타깃팅하는 오늘날에는 미국, 유럽권에서도 한국식 메이크업 재현 콘텐츠들이 다수 발견된다.

한국식 메이크업을 모방하는 콘텐츠들이 인기를 얻음에 따라 콘텐츠 내에서 각 유튜버별로 보다 다각화된 관점이 드러나는 것이 인상 깊다.

특히 '어두운 피부톤의 소녀가 한국 메이크업 따라 하기'와 같은 인종 문제를 담은 콘텐츠가 새롭게 등장한다는 점이 주목할 만하다. 다인종 국가가 아니며 보다 하얀 피부를 최고 가치로 두는 한국 상황에서 다양한 피부색이 존재하는 글로벌 시장에 한국 화장품이 진출했을 때 소비자가 느끼는 문제점을 그대로 담아낸다. 국내 메이크업 제품들은 아시아 여성들이 선호하는 극도로 하얀 피부에 맞춰져 있기 때문에 태닝한 백인들도 쓸 수 없을 만큼 컬러 베리에이션이 매우 좁고, 이는 글로벌 시장에서 큰 취약점으로 작용한다. 더 나아가 인종 차별 문제로 비화될 가능성이 크다. 실제로 유튜브에는 미국 유튜버들을 중심으로 뷰티 산업이 백인들에게 초점이 맞춰진 것을 비판하며 더 많은 인종들을 위한 화장품 색 개발을 촉구하는 콘텐츠가 업로드되고 있다. 이는 아시아 시장뿐만 아니라 북미, 유럽 등으로 진출하려는 K-뷰티업계가 반드시 극복해야 할 점으로 제시된다.

마지막으로 한국 메이크업과 타 문화권 메이크업의 비교 콘텐츠다.

특히 미국식 메이크업과의 비교 콘텐츠가 매우 상위권에 있으며, 이러한 콘텐츠를 등록한 크리에이터의 국적 또한 미국이 대다수였다. 맑은 피부 표현과 옅은 색조 등 동안 메이크업이 주 특징인 한국식 메이크업은 매트한 피부 표현, 아치형 눈썹, 각진 얼굴형과 진한 색조가 특징인 미국식 메이크업과 강렬한 대비를 보이며 큰 화제가 되었다. 이 같은 콘텐츠들이 시발점이 되어 미국에서는 미국식 메이크업의 대표 기술인 진한 컨투어링에서 벗어나, 피부에서 흐르는 빛 표현이 중점이 된 스트로빙 메이크업이 새로운 트렌드로 제시되는 현상으로까지 파생되었다.

한국 메이크업과 타 문화권 메이크업 비교 콘텐츠는 한국의 메이크업 현황에 대해 다시 한 번 생각해보게도 한다. 유튜브 등의 소셜네트워크 플랫폼들이 다양해지면서 한국 내에서도 점차 동안 메이크업뿐만 아니라 각자의 개성에 맞춘 메이크업들을 시도하는 층들이 늘고 있다. 그러나 여

| 사진 5 | 미국 대 한국 메이크업 비교

전히 외국인의 눈에 비친 한국의 대표 메이크업은 동안 표현으로, 이는 아직까지 해외에 수출되는 한국의 모습이 일원화되어 있음을 암시한다.

그래도 최근 태닝 메이크업을 지속적으로 선보이는 뷰티 크리에이터 젤라가 급부상하고 있다. 기존에는 볼 수 없었던 태닝된, 어두운 피부톤을 전면에 내세우며 한국의 하얀 피부 크리에이터는 할 수 없는 다양한 채도와 명도의 '한국식' 메이크업을 보여준다. 젤라의 콘텐츠는 한국식 메이크업을 따라 하고 싶지만, 피부톤이 너무 동떨어져 모방에 어려움을 겪던 해외 이용자에게 큰 호응을 얻었다. 뿐만 아니라 하얀 피부에 맞춘 메이크업에 고루함을 느끼던 국내 사용자들에게도 큰 지지를 받는다.

해외 시장에서 유통의 편리성을 위해 '한국식 메이크업'이라는 대표성을 띤 스타일의 구축은 매우 중요하다. 그러나 그것을 소비하고 재창조하는 수용자들의 인종·성별·문화층이 다양하다는 것을 감안할 때, 우리는 보다 많은 시도들을 해야 한다.

최근 연구에서는 유튜브의 K-뷰티 콘텐츠 주 소비국이 아시아권이라는 통념과 달리 북미와 유럽 국가에서 보는 현상이 관찰되었다. 비록 연구결과 조사가 유튜브 전체 콘텐츠를 대상으로 한 것이 아니라는 한계점을 지니지만, 콘텐츠 시장으로서 대상국의 다변화가 요청되는 현 시점에서 인지적 한계를 깬다는 의의가 있다. 이와 같은 결과들을 참고해 앞으로 중국을 비롯한 아시아권뿐만 아니라 북미, 유럽과 같이 다인종, 다문화가 공존하는 시장을 대상으로 콘텐츠 생산의 시각을 다각화할 필요가 있다.

유튜브 K-뷰티의
마케팅 효과

★

한류는 기본적으로 우리가 명명한 것이 아닌, K-콘텐츠들이 타국으로 유입되고 일정 흐름을 만들면서 타국에서 붙인, 즉 호명된 개념이다. 따라서 콘텐츠를 향유하는 외부자의 시각에 대한 분석이 중요한 위상을 갖는다.

2017년 10월 30일~11월 13일까지 온라인 설문조사 방식으로 수행된《2018 해외한류실태조사》에 따르면 한류는 비교적 주변에서 접하기 쉬운 '패션/뷰티'와 '음악(K-팝)'을 중심으로 대중적 인기가 확대되고 있다고 한다. 대륙별로 살펴보았을 때 아시아·미주·유럽에서 '패션/뷰티'가 1위를 차지했다. K-뷰티가 중점적으로 진출해 있는 중국은 한국 하면 '뷰티', '드라마', '한류스타' 순으로 연상했고, K-콘텐츠 소비량 비중을 조사한 결과 '패션/뷰티'가 52.3%로 가장 높았다. 이 밖에도 K-콘텐츠에 대한 호감도 또한 '패션/뷰티'가 83.1%로 가장 높은 것으로 드러났다.

한국의 패션/뷰티 제품이 인기를 끄는 이유는 '품질이 우수'한 점으로 조사되었으나, 전년도 대비 그 비율이 다소 낮아졌고(27.0%→20.8%), 오히려 제품 종류 및 스타일이 다양하다는 평가가 15.2%로 전년도 9.7%에 비해 급증했다. 다만 대륙별로 살펴보았을 때는 아시아와 중동에서는 '품질이 우수'한 점을, 미주·유럽·아프리카에서는 '가격이 저렴'한 점을 한국 패션/뷰티의 가장 큰 인기 요인으로 꼽아 차이를 보였다.

이처럼 K-뷰티는 높은 접근성으로 인해 글로벌 시장에서 대중적인 인지도를 확보하고 있으며, 이는 매스미디어뿐만 아니라 소셜네트워크 서비스 등 다각화된 미디어의 활용 덕분으로 보인다. 실제로 전반적인 응답자 모두 K-콘텐츠 중에서 '도서(출판물)'의 접촉 기회가 가장 부족하다는 의견을 제시했으며, 대륙별로 주 활용 미디어에 따라 K-콘텐츠의 인기도가 차이를 보였다. 이러한 상황을 고려할 때 K-콘텐츠를 유통할 수 있는 미디어의 선정과 활용은 매우 중요한 의제다.

마케팅 관점에서 유튜브 플랫폼은 두 가지 장점을 지닌다.

첫째, 수용자들의 미디어 향유 패턴이 모바일로 옮겨감으로써 보다 높은 노출 효과를 지닌다는 점이다. 스마트 디바이스, 소셜네트워크 서비스의 출현에 따라 수용자들은 더 이상 TV 앞에 앉아 송출되는 콘텐츠를 기다리지 않는다. 적극적으로, 언제 어디서나 자신이 원하는 콘텐츠를 찾고 쉽게 접속하는 유동적 수용자로 변모하였다. 유튜브는 새로운 것과 혁신적인 것을 찾아다니는 젊은 소비자층에게 기존의 매스미디어보다 더 적극적으로 다가갈 수 있다.

둘째, K-뷰티 셀럽을 탄생시키면서 K-뷰티 제품의 신뢰도 증진과 마케팅 효과를 최대한 누리게 한다. 실제로 국내에서 파워 뷰티 크리에이터들이 진행하는 뷰티 마켓은 단 5분 만에 1억 원의 매출을 올릴 정도로 파급력이 매우 크다. 유튜브 댓글을 통해 쌍방향으로 소통하는 뷰티 크리에이터가 추천하고 사용하는 제품이, 대중들과 소통할 수 없는 일반 연예인들이 드라마에서 PPL을 위해 쓰는 제품들보다 더 높은 신뢰도를 지니기 때문이다. 유튜브는 K-뷰티 크리에이터를 통해 제품에 신뢰를 덧입히면서 수익을 창출하고, 동시에 브랜드 이미지까지 제고할 수 있는 플랫폼이다.

K-뷰티의 미래

★

화장품 업계의 화두가 '이노베이션'과 '스피드'인 것을 감안할 때, 유튜브 플랫폼은 혁신적인 제품과 한국의 메이크업 기술을 가장 빠르게 수용자들에게 전달할 수 있는 매개체다. K-뷰티는 현재 중국, 동남아시아에 이어 미국, 유럽, 중남미 시장까지 진출하면서 연간 수출액이 6조 원에 육박했고, 이는 최근 3년간 세 배가량 증가한 수치다. 수출 상품은 K-뷰티 완제품뿐만 아니라 신선한 아이디어와 안정성, 품질까지 갖춘 제조 기술로까지 확장되고 있다. 전 세계적으로 K-뷰티에 대한 관심이 증가하는 추세며, K-뷰티의 지속가능성에 대한 부정적 인식도 해마다 감소하고 있음을 전제할 때 앞으로 K-뷰티의 미래는 타 산업에 비해 더 밝아 보인다.

화장품 산업은 성장 잠재력이 매우 높은 미래 유망산업이자, 국가 브랜드와 이미지를 높이는 대표적 문화산업으로 손꼽힌다. 《2018 글로벌 화장품 산업 백서》에 따르면 글로벌 시장을 타깃으로 하는 화장품 산업은 2017년 4,648억 달러 규모로 2022년까지 연평균 5%씩 성장할 것으로 예측되고 있으며, 영화·드라마와 같은 타 콘텐츠 산업과 결합하여 고부가가치를 창출할 산업으로 주목받는다. 또한 의료, 바이오 등 다양한 산업과도 융복합이 가능하다는 점에서 새로운 성장산업으로 급부상하고 있다.

우리 정부는 K-뷰티의 수출을 지원하기 위해 기업, 정부 간 간담회를 지속적으로 개최하고 있다. 경기도는 2012년 지자체 최초로 '뷰티 산업 진흥 조례'를 마련하고, 뷰티산업 육성 및 R&D 지원을 강화했다. 민간 차원에서는 한국아마존이 지난 11월 6일 생산자와 소비자 간 직거래인 'D2C(**Direct to customer**)' 모델을 도입한다고 발표하며, 인기 K-콘텐츠인 패션과 뷰티를 중심으로 먼저 지원하겠다고 했다.

최근에는 4차 산업혁명의 기류에 따라 모바일 디바이스에 기반하는 유튜브 같은 SNS 플랫폼을 활용한 마케팅들이 활발히 이루어지고 있다. 시장에서 크게 약진한 색조화장품 분야의 주요 성장 원인으로 SNS 인플루언서들의 메이크업 튜토리얼과 제품 사용 후기 등 SNS 마케팅이 꼽히고 있는 만큼, 향후 화장품 산업에서 디지털 유통 및 마케팅에 대한 중요도는 더욱 높아질 것으로 예상된다. K-뷰티 산업의 확장 및 유통을 견인하고, 소비자들의 반응이 적극적으로 드러나는 유튜브와 크리에이터들에 대한 이해와 연구가 선행되어야 할 시점이다. K-뷰티를 견인하는 디지털 기술과 각종 플랫폼, 크리에이터에 대한 이해를 기반으로 정부와 민간이 합작하여 K-뷰티를 지원할 때 보다 나은 발전을 기대할 수 있다.

역한류,
K-콘텐츠가
확대 재생산된다

한류는 유튜브에서 활발하게 생산되는 다양한 콘텐츠 및 정보와 맞물려 그 영향력을 점차 확대시키고 있다. 유튜브가 전 세계 공통적인 영상 소비 플랫폼이 된 현대에 이르러 한류의 확장에서 유튜브를 제외한 논의는 불가능할 정도다. 대중문화의 형태로 제공되는 K-콘텐츠를 접한 타 국가 소비자가 그에 대한 2차 콘텐츠를 찾고자 했을 때, 유튜브가 매우 효과적인 플랫폼 역할을 수행하고 있기 때문이다. 키워드 중심의 검색과 연관 동영상 추천이 잘 갖추어진 플랫폼 특성에 따라, 소비자가 원하는 K-콘텐츠 및 이와 관련된 수많은 재생산 콘텐츠를 큰 노력 없이 접할 수 있다.

유튜브에 실린 한류는 끊임없는 콘텐츠 생산, 세계적 이슈를 이끄는 선도적 기획 능력, 정보의 재생산과 확산, 빠른 피드백 등 다양한 능력치를 가졌다. 이에 수많은 유튜브 크리에이터들은 한류의 힘을 이용하거나, 또는 그 힘을 역활용하여 자신들의 정체성을 굳건히 하고 있다. 국내 유튜브 크리에이터의 경우 한류 확산 키워드를 뽑아 이를 새로운 콘텐츠 생산으로 이어가기도 한다. 예를 들어 한류 연예인 이슈가 있다면, 빠르게 정보형 콘텐츠를 제작해 업로드함으로써 단시간 내에 조회수를 높이고 구독자 수를 늘리는 채널이 대표적이다.

유튜브 자체가 한류의 힘을 활용하는 메인 플랫폼으로 탈바꿈하고 있는 것이다. 이는 국내 문화 소비 시장이 '문화적 테스트베드(Cultural Test Bed)' 역할을 수행하게 되었음을 시사한다. 테스트베드란 새로운 제품이나 기술, 서비스 등을 테스트할 수 있는 환경이나 시스템을 의미하는데, 이는 문화의 영역으로 더욱 확장된다. 한국이 제품, 기술, 서비스는 물론 대중문화 상품, 예술, 전통, 생활양식과 가치관 등을 시험할 수 있는 시장으로서 적합하다는 의미다. 그래서 최근 유튜브에서는 한국을 테스트베드로 삼고자 하는 이들과 국내 크리에이터들이 결합하여 탄생시키는 역한류 콘텐츠를 심심찮게 찾아볼 수 있다.

하지만 이 사례는 유튜브에서 발생하는 역한류를 전부 설명하고 있지는 않다. 역한류의 정의가 한국 시장으로의 역진출, 한국의 문화 시장 활용, 한류의 변화, 한류의 확장, 한류의 역수입 등으로 넓어져 유튜브에서도 많은 사례와 갈래를 찾을 수 있기 때문이다. 유튜브에서 생산되는 다양한 역한류 콘텐츠를 분석하고, 역한류의 긍정적 영향력과 미래지향적 가치를 확인해보자.

역한류의 의미와 확장성

★

역한류(逆韓流)는 2000년대 초반, 한류의 영향력이 퍼지기 시작한 한류 수용국의 반발에서 시작된 단어다. 즉 원래는 혐(嫌)한류, 반(反)한류를 기반으로 탄생한 용어다. 하지만 이제 역한류를 이러한 맥락으로만 평가할 수는 없다. 한류에 대한 반감 사례는 2000년대 초반에 꽤나 이슈가 되었지만, 현재의 '역한류'는 색다른 형태로 변화하고 있다.

단어의 한자풀이에서 볼 수 있듯, 역한류는 '역(逆)'으로 한류를 활용하는 형태를 통칭한다. 즉 한류 수용국의 문화를 한국에 역수출하는 것을 의미한다.

가장 큰 예시로 중국에서 한류 영향력이 확장되면서, 이를 역으로 이용해 중국 연예인이 로컬 문화적 특성과 대중문화의 매력도를 활용하여 한국 드라마, 예능과 영화 등에 진출하는 것을 들 수 있다. 중국은 역한류의 흐름을 주도하고 있을 뿐만 아니라, 한국이 이루어낸 한류 사례를 참고해 자체 문화콘텐츠 생산과 수출에 힘을 쏟고 있다. 최근에는 중국 영화가 한국에서 약 30여 편이나 개봉되기도 하였고, 한국과 중국 합작 영화 등이 활발하게 제작되는 등 여러 역한류 현상을 확인할 수 있다.

이에 더불어 한류의 강한 영향력과 문화적 상징성을 발견할 수 있는 역한류는 다음과 같이 확장되고 있다.

첫 번째는 타문화권 문화 상품의 한국 진출을 꼽을 수 있다. 이는 한류 수용국의 역진출과는 다른 형태다. 한국은 아시아권의 대중문화 중심지로 성장하고 있는데, 한류의 흥행은 단순히 대중문화 콘텐츠의 우수성에만 그치는 것이 아니라, 한국이라는 시장이 문화 상품의 가치 평가에 매우 적합한 시장인 테스트베드라는 것을 시사한다. 한국에서 문화 상품이 이슈화에 성공한다면, 이는 한류를 기반으로 아시아 및 세계 시장으로 도약할 힘을 지니게 된다는 것이다. 이러한 상징성은 역한류의 가장 긍정적 형태다.

두 번째는 해외에서 유행한 주제나 소재의 콘텐츠가 한국에서 재생산된 후, K-콘텐츠로 다시금 활발하게 소비되는 현상이다. 한국이라는 로컬 문화를 기반으로 하지는 않지만 동일 소재임에도 높은 품질을 자랑하며 세계적으로 퍼져나가 또 다른 '한류'를 만들어내는 것이다. 생산된 결과물의 품질이 타 국가에 비해 우수하고, 세계적으로 통용될 만한 흥미 요소를 지니고, 구체적인 매력을 지녔을 때 가능한 일이다. 한국의 문화생산 주체들이 세계적 이슈에 민감하다는 강점을 가진 덕분으로 타 국가 콘텐츠보다 국내 콘텐츠가 우선적으로 국내에서 소비되면서 역시 한류로 아시아 및 세계 각국으로 확장되었다.

세 번째는 한국에서는 큰 성공을 거두지 못했음에도 해외에서 먼저 이슈가 된 이후 한국에서 소비되는 콘텐츠다. 해외로 수출된 콘텐츠가 좋은 반응을 얻으면서, 그 로컬 문화권인 한국에서 역으로 유행하게 되는 양상을 말한다. 우리가 놓친 콘텐츠의 매력을 뒤늦게나마 받아들이고 향유하게 되는 것이다.

이처럼 크게 세 가지의 형태로 구분 가능한 '역한류'의 확장은 유튜브에서 명확하게 그 사례를 찾아볼 수 있다. 역한류의 사례 분석으로 기존의 부정적인 해석을 벗어나 문화콘텐츠의 확장과 순환, 그 결과로 뒤따르는 지속가능한 한류에 대해 논의한다.

유튜브 속
역한류 들여다보기

★

최근 국내 뷰티 크리에이터들 사이에서는 해외 화장품 기업과 컬래버레이션한 영상이 유행처럼 제작되고 있다. 100만 이상의 구독자를 보유한 국내 뷰티 크리에이터들은 기업 제품을 제공받고, 이를 활용해 국내 시장을 비롯한 유튜브 구독자들에게 홍보하는 역할을 수행한다. 특히 뷰티 크리에이터들에게서 쉽게 발견할 수 있는 이러한 영상은 해외 기업이 '한국' 시장을 테스트베드로 활용하고 있음을 명확히 말해준다.

첫 번째 사례는 가수 CL의 스타일리스트로 주목받기 시작하여, 유튜브에서 뷰티 크리에이터로 활동하고 있는 '포니'의 콘텐츠다. 포니는 다양한 브랜드와 협업하여 홍보 영상을 제작하는데, 단순 광고에 그치는 것이 아니라 제품의 소개, 이를 활용한 메이크업 과정과 룩(스타일) 연출 등으로 영상을 구성한다. 이는 광고성 영상을 거부감 없이 시청하게 하는 방법이

|사진 1| 포니와 디올의 컬래버레이션

자, 개인 채널의 정체성을 잃지 않는 방식이기도 하다.

또 단순한 시퀀스 영상이 아니라 다양한 기획이 융합되어 있어 특별하다. 이는 영상의 품질을 향상시킬 뿐만 아니라 브랜드 이미지를 시청자에게 각인시킨다. 사례로 제시하는 콘텐츠는 포니와 디올의 뷰티 라인이 컬래버레이션한 영상으로, 2017년 1월 15일에 업로드된 'Uncovering by PONY X Dior(**With subs**) - 언커버링 by 포니 X 디올'이다. 본 영상은 2019년 5월 현재 199만 뷰 이상의 조회수를 기록하는데 브랜드의 고급스러움과 명품 화장품의 이미지를 부각시키는 세 개의 시퀀스로 구성되었다. 첫 번째는 포니가 주인공이 되어 디올 화장품을 사용하고, 이를 통해 메이크업 디자인을 한다. 두 번째는 직접 디올 제품을 이용하여 메이크업을 하고, 세 번째는 도시를 가로지르는 포니의 모습을 통한 연출 시퀀스로 구성되어 있다.

디올이 포니를 선택한 이유가 바로 여기에 있다. 단순히 제품을 홍보하는 것이 아니라, 브랜드 자체의 고급스러움과 명품 화장품의 가치를 영상 콘텐츠로 보여주고자 하는 것이다. 이는 곧 소비로 이어진다. 단순 이슈 몰이를 통해 한 제품을 일시적으로 유행시키는 것이 아니라 브랜드 이미지를 소비자에게 인식시켜 지속적인 소비를 이끌어내려 한다.

이처럼 국내 뷰티 크리에이터를 통한 타 국가 브랜드의 한국 진출 사례는 한국 시장이 변별력을 갖춘 문화 소비 시장임을 인정하고, 한국 시장에서의 이슈와 흥행을 기반으로 아시아 및 세계 시장으로 진출하는 데 그목적이 있다.

다음은 해외에서 먼저 유행하기 시작한 콘텐츠가 한국 크리에이터에의해 재해석, 재생산된 사례다. 이는 국내 크리에이터가 새로운 한류를 창출해내는 독특한 역한류 사례다. 역한류의 사전적 정의에 따른 '반감'이나 '역행'이 아니라, 콘텐츠 제작 능력의 우수성과 이슈에 민감하게 반응하는 국내 문화 소비 시장의 특성으로 생겨났다.

대표적으로 ASMR 콘텐츠를 들 수 있다. 이는 'Autonomous Sensory Meridian Response'의 줄임말로 유튜브상에서 탄생한 신조어다. 오디오를 통해 감각적 쾌락을 추구하는 콘텐츠를 의미한다. 자연 상태의 소리를 녹음하기보다는 인위적으로 만들어낸 소리를 증폭시켜 오디오에 집중할 수 있도록 제작된 영상이다. 이미 해외에서는 Heather Feather ASMR, ASMRSurge, Olivia Kissper ASMR 등의 유튜브 채널을 통해 다양한 소재를 활용하는 오디오 중심 콘텐츠가 유행처럼 번져나가고 있다.

가장 정통 ASMR 콘텐츠는 일상 소품이나 독특한 소리를 내는 소품을 활용하는 것이다. 이러한 ASMR 콘텐츠의 유행이 한국에 유입되면서, 곧 '먹방 ASMR'로 변화했다. '먹방'과 결합된 새로운 콘텐츠 유형이 탄생한 것이다.

소리와 먹방이 결합된 새로운 형태의 콘텐츠는 세계에서 공통적으로 생산되는 획일화된 콘텐츠가 한국에 유입된 이후 새롭게 재구성되어 다시금 한류의 형태로 세계에 확산되는 역한류의 전형이다.

역한류로써의 '먹방 ASMR' 콘텐츠의 탄생과 유행을 이해하려면 유입 → 재생산 → 재확산의 세 단계를 알아야 한다. 가장 먼저, 한국이 아닌 해

| 사진 2 | 와치모조 코리아의 '전 세계 먹방 ASMR 영상 TOP 10'

외 유튜버들 사이에서 탄생한 소재여야 한다. 해외에서 먼저 이슈화된 후 한국으로 유입된 것을 의미한다.

두 번째는 한국에서의 '재생산'이다. 이는 똑같이 받아들여 획일화되고 단편적으로 생산된 콘텐츠가 아니라 한국의 문화적 특성, 한국 크리에이터들의 독특한 시각이 결합되어 변형되는 것이다.

마지막으로 '재확산'되어야 한다. 이미 해외 ASMR 시장이 포화상태에 이르렀음에도 한국식 '먹방 ASMR'이 해외로 퍼져나가면서 그 시장을 더욱 확장시켰다. 그러한 영향력을 지녀야만 '역한류' 사례로 평가할 수 있다.

대표적 먹방 ASMR 사례로 띠예의 채널을 들 수 있다. 띠예는 초등학생 크리에이터로 먹방 ASMR을 주 콘텐츠로 삼는다. 초등학생이 직접 촬영하고 편집하여 업로드한 영상은 국내에서 빠르게 확산되며 먹방 ASMR의 새로운 신드롬을 불러일으키고 있다. 실제로 그녀가 2018년 11월에 업로드한 '바다포도 먹어보기 소리완전좋음♡설참' 영상은 2019년 5월 약 1,354만 뷰의 조회수를 기록했다.

이 역한류 사례는 한국이 세계 이슈와 문화에 매우 민감하며, 빠르게 한국화시키는 특성을 지녔음을 보여준다. 이렇게 생산된 역한류 콘텐츠는 국내에서 먼저 소비되고, 이에 관심을 보인 해외 유튜브 이용자들을 통해 확산된다.

마지막으로 해외에서 먼저 유명해지고 국내에서 뒤늦게 인기를 얻게

108

| 사진 3 | 띠예의 '바다포도 먹어보기 소리완전좋음♡설참'

된 사례를 살펴보겠다. 앞 사례들과는 달리 국내에서의 영향력보다 해외 인기가 더 높은 경우다.

제이플라는 국내 개인 크리에이터 최초로 1,000만 구독자를 달성한 커버송 전문 유튜버다. 2018년 12월 전체 조회수 19억 뷰 이상을 달성했다. 2017년 에드 시런의 〈Shape of You〉라는 곡을 커버한 이후 구독자 100만 명을 처음으로 달성했고, 이후 2년이 되지 않는 시간에 1,000만 명까지 구독자를 늘렸다. 〈Shape of You〉 영상은 현재 2.2억 뷰 이상을 기록했고, 다른 인기 영상의 조회수 또한 1억에 가까운 수치를 보여준다.

그녀의 성공은 '한국'을 기반으로 시작되지 않았다. 실제로 초기 영상들에는 동남아 팬들이 남긴 댓글이 대다수다. 국내보다는 베트남 등의 국

| 사진 4 | 제이플라의 〈Shape of You〉 커버 영상

가에서 먼저 이슈가 되었다. 점차 성장하면서 국내에서도 관심이 확산되어, 이제 '한국을 대표하는 음악 크리에이터'로 인정받는다.

　제이플라 채널의 특징 중 가장 특별한 점은 다양한 자막 서비스다. 세계 각국의 시청자들이 향유하도록 가장 기본적인 '자막'에 많은 신경을 쓰고 있다. 이러한 배려와도 같은 콘텐츠 기획은 어찌 보면 단순할 수 있는 '팝송 커버 영상'의 품질을 한 단계 더 올리는 결과를 낳았다. 한 국가나 영어권의 국가에서만 즐기게 하는 것이 아니라, 더욱 확장된 타깃 설정이 가능해졌다. 실제로 2018년 12월에 업로드된 'Ariana Grande - Thank U, Next(cover by J.Fla)' 영상에는 총 29개의 자막이 달렸다. 세계 주요 언어(영어, 중국어, 일본어 등)만이 아니라 네덜란드어, 터키어, 힌디어, 카자흐어 등

110

다양한 국가의 언어를 자막으로 제공해 콘텐츠의 완성도를 더욱 높여가고 있다.

이는 한국에서 먼저 인재를 알아보지 못했다는 아쉬움이 있지만 이후 한국에서 관심이 증가하고, 콘텐츠를 주체적으로 소비하는 한국 문화 시장의 지지를 받아 더 큰 성공을 이루었다는 점에서 의의를 찾을 수 있다. 게다가 대규모 자본이 투입된 기획 콘텐츠가 아니어도, 1인 콘텐츠가 자체적으로 성장할 수 있다는 사실에 한류의 긍정적 미래를 전망할 수 있게 한다.

| 전 망 |
한류와 역한류,
관계의 전망
★

유튜브를 기반으로 한류의 영향력이 재확인되고, 재생산되며, 재확산되는 데에는 몇 가지 이유가 있을 것이다. 먼저 플랫폼이 가지는 개인 콘텐츠 생산의 가능성이다. 국내에도 수많은 영상 플랫폼이 존재하지만, 이처럼 자유롭게 개인 콘텐츠가 생산되고 국가나 지역, 연령의 차이 없이 향유되는 플랫폼은 없다. 이러한 특성에 따라 국내에서도 수많은 개인 채널들이 개설되고 있으며, 활발하게 활동을 이어간다. 크리에이터들은 우수한 기획과 제작 능력으로 세계적 이슈를 선도한다. 한류의 영향력이 개개인의 영역으로 확장되고 있는 것이다.

이러한 전반적 흐름을 '역한류'라 평가해도 좋다. 한류와 이에 대한 국제적인 관심 집중이 K-콘텐츠가 소비되는 근간으로 작용하기 때문이다. 즉 한류의 힘을 이용하거나 의도하지 않았더라도 영향을 받고 있다.

그러나 유튜브 속 역한류 사례는 개인 크리에이터의 성공 사례로만 평가받아서는 안 된다. 개인 문화콘텐츠의 영향력이 대중 문화콘텐츠에 견줄 만한 영향력을 지니고 있기 때문이다. 따라서 한류의 새로운 미래를 전망할 수 있는 사례로 분석되어야만 한다. 역한류 콘텐츠는 한국적 문화콘텐츠 생산의 우수 사례로 다양한 문화상품 제작자들에게 귀감이 되어야 한다.

K-콘텐츠의 매력,
관광을 이끈다

한국에 대한 관심은 대부분 대중 문화콘텐츠, 그중에서도 영상을 기반으로 한 K-콘텐츠에서 시작된다. 세계 곳곳으로 퍼져나가 활발한 활동을 이어가고 있는 K-스타들과 그들이 출연한 TV 드라마, 영화, 예능은 오늘날 그 유례를 찾아볼 수 없을 만큼 매우 뜨겁게 소비되고 있다. 이와 같은 K-콘텐츠의 소비는 그 원산지인 한국 자체로의 호감으로 이어진다. 한류 탄생 국가인 한국의 문화와 생활양식, 현대적인 도시를 경험하고자 하는 욕구로 이어진다는 것이다.

유튜브는 K-콘텐츠가 넘칠 듯 찰랑거리는 큰 그릇이 되어 한국과 한국의 호감도를 세계 곳곳에 전하는 교두보 역할을 수행하고 있다. 유튜브에 비친 한국 스타들, 한국 크리에이터들의 모습, 또 다양하게 소개되는 한국의 장소와 음식, 패션, 생활양식 등은 점차 한류 소비자를 미디어 플랫폼에서 벗어나도록 만든다. 바로 한국의 다양한 문화를 직접 체험하기 위해 한국을 방문하도록 자극받는 것이다.

한류 시장이 확대됨에 따라 자발적인 문화소비를 통해 K-콘텐츠를 이해하고, 취향에 맞춰 이를 수용하며 한국과 소통하기에 이르렀다. 컴퓨터 화면, 혹은 조그만 스마트폰 화면 속에 갇혀 있던 한국을 자신의 삶으로 끌어들여 한류는 그렇게 관광이 되어가고 있다.

관광, 그중에서도 문화관광(**Cultural tourism**)은 대중문화 상품에만 한정되는 것이 아니라 오락, 유희, 전통문화, 관습에 이르는 사회 기반의 문화적 산물을 직접 경험하고 가치관에 영향받는 행위의 수행까지를 의미한다. 단순히 여가와 휴식을 위해 떠나는 것이 아니라, 다양한 문화적 자극을 받기 위해 관광 목적지를 선별하고, 개인적인 문화 욕구를 충족시키기 위해 여행한다. 이와 같은 정의에 따라 K-관광은 대중문화로 자극을 받은 소비자가 관광 목적지로 한국을 선택하고, 한국의 생활양식과 현대적 문물을 비롯한 전통음식, 문화유적, 민속예술, 역사 등을 체험하는 광범위한 문화 교류가 되었다. 즉 문화관광의 전통적인 정의(**타문화에 대한 생활양식과 가치관을 교류하는 관광**)에 '한류'가 자극체로 더해진 것이 바로 K-관광이라 정의할 수 있다.

한류가 유튜브라는 플랫폼을 통해 어떻게 소비자를 화면 밖으로 끌어내고 있는지, 또 어떻게 그 행위가 다시금 콘텐츠로 재생산되어 순환되는지 알아보자.

한국으로 외국인을 이끄는
유튜브 콘텐츠

★

유튜브 콘텐츠가 관광을 자극한다는 것을 증명하기 위해, 유튜브 시청자를 잠재 관광객으로 인식해보자. 여기서 잠재 관광객이란 관광 목적지에 문화콘텐츠적 매력을 느끼고, 콘텐츠를 둘러싼 공간을 인식할 가능성을 가진 이들을 말한다. 잠재 관광객은 K-콘텐츠를 통해 한국이라는 장소에 대한 흥미, 콘텐츠에 표현된 현대적인, 또 세련된 삶의 양식에 동경을 갖게 된다.

물론 이들이 접하는 콘텐츠는 관광 욕구를 자극하기 위한 목적으로 제작된 '광고'가 아니다. 한국을 배경으로 한국의 문화적 산물, 생활양식, 특징 등을 소개하는 콘텐츠에 자연스럽게 녹아든 '자극'을 수용하여 '관광 목적지'로 한국을 선택하는 것이다. 노골적으로 '한국으로 놀러오세요!'라는 메시지를 드러낸 콘텐츠보다 다듬어지지 않은 콘텐츠, 즉 정치·경제·사회 등의 영향력을 받지 않은 문화 이미지는 상호작용적인 이문화 간 커뮤니케이션의 관점에서 더욱 효과적인 자극을 제공한다.

타 문화권의 대중, 즉 잠재 관광객이 콘텐츠와 그에 녹아든 이미지를 독자적으로 해석하는 기회를 제공하기 때문이다. '만들어진 이미지' 혹은 '킬러 콘텐츠'라 불리는 스타성에 기대어 생산된 '광고'와는 달리 잠재 관광객 스스로가 콘텐츠에 긍정적 평가를 내리고, 이를 해석하는 과정에서 주체성을 획득해 자유롭고 확장된 형태의 문화 요구를 갖게 된다는 것이다.

유튜브를 통해 발현되는 'K-관광'은 기존과는 달리 고유한 한국의 문화 가치와 정체성으로 구심점이 옮겨오고 있다. 기획 이미지였던 한국의 대중 문화콘텐츠와는 달리 자연스럽게 생활양식이 묻어나고, 획일화되지

| 사진 1 | 특별한 행사에 참여한 유튜버 이사배의 모습

않은 한국의 이미지가 쏟아지기 때문이다.

자연스러운 한국의 이미지 제공 사례를 제시하기 위해, 100만 이상의 구독자를 보유한 한국인 유튜브 크리에이터 중, 'V로그' 형태의 콘텐츠를 제공한 경우를 꼽아보았다. V로그란 비디오(**Video**)와 블로그(**Blog**)의 합성어로, 비디오로 기록한 일상이라는 뜻이다. 유튜버들은 이 V로그를 통해 주된 콘텐츠 주제에서 벗어나 일상의 모습을 영상에 담아 구독자들에게 더 친숙하게 다가간다. 또는 특별한 일을 소개하는 기획 콘텐츠로도 활용하고 있다.

첫 번째 사례는 217만 명 이상의 구독자를 보유한 유튜버 '이사배'이다. 이사배는 메이크업 영상을 주로 올리는 뷰티 크리에이터이지만, 가끔 특별한 행사에 초대될 경우 이를 V로그 형태로 촬영하여 영상을 공개한다.

참고한 영상은 2018년 10월 26일에 업로드된 '겟레디윗미! 헤라서울 패션위크 첫째날 + 전야제 V로그 | 이사배(RISABAE Makeup)'다. 행사장으로 출발하기 전 이사배가 직접 메이크업을 하는 모습과 행사에 참석한 모습을 담고 있는데, 이때 찾아볼 수 있는 한류 코드는 다음과 같다.

첫째, 한국의 패션-뷰티 문화다. 한국에 대한 관심이 미미한 잠재 관광객은 이 콘텐츠를 접하고 '한국의 발전된 패션-뷰티' 문화에 자극받는다.

둘째, 크리에이터의 세련된 생활 모습이 한국의 대표적 이미지로 각인된다. 지극히 개인적인 콘텐츠임에도 크리에이터의 스타성이 확인되며 이 콘텐츠를 접한 잠재 관광객은 '나도 저런 멋진 삶을 살 수 있으리라' 기대하게 된다.

물론 이러한 분석이 매우 비약적일 수 있다. 하지만 거대 자본에 의해 만들어진 배우, 아이돌이 아닌 개인의 힘으로 이루어낸 스타성은 매우 중요하다. 뷰티 크리에이터의 일상을 담은 V로그는 결국 한국을 배경으로 활동하고 있는 개인의 세련된 삶을 표현하며, 한국의 삶에 동경을 갖도록 하는 자극요소가 된다. 개인 콘텐츠가 한국의 이미지를 확산시키고 있으며, 향후 이러한 화려한 문화에 대한 동경은 시청자를 잠재 관광객, K-관광객으로까지 탈바꿈시킨다.

두 번째 사례는 너무도 유명한 '밴쯔(BANZZ)'의 V로그다. 먹방 콘텐츠로 국내 크리에이터 시장에서 매번 큰 이슈를 만들고 있는 밴쯔는 메인 채널과는 별도로 V로그로 '만수의 일상'을 지속적으로 업로드한다.

밴쯔의 V로그 콘텐츠는 유튜브 크리에이터로서 개인적 스타성을 높이기 위한 목적으로 만들어지지만, 그 속에 일반인들이 접할 수 있는 '삶의 터전'으로서의 한국이 비추어진다. 한국식 아파트, 식당, 카페 등 다양한 장소에서 가족, 친구, 동료들과 함께하는 모습을 담아 한국에 대한 환상을 이해로 이끌기에 충분한 역할을 수행한다.

또한 한국을 방문한 외국인들의 한국 여행기가 있다. 이는 한국인이 주체가 된 콘텐츠가 아니라, 외국인이 바라본 한국의 모습과 한국에서의 여행 가이드를 제시하고 있어 잠재 관광객들에게 더욱 신뢰감이 높은 콘텐츠로 작용한다.

외국인들의 K-콘텐츠는 대부분 '서울 여행' 정보를 담는다. 아직은 K-관광에 있어 가장 핵심적인 장소로 역사, 현대 문물, K-콘텐츠 등 다양한 요소가 이곳에 모여 있기 때문이다. 외국인들은 영상을 보고 댓글을 통해 한국의 '음식', '인터넷', '한국 여행 어플리케이션' 등의 정보를 상호교환하고 있다. 최근 인터넷을 자유롭게 활용하는 세대에서는 필요한 정보를 구글 등 포털사이트보다 유튜브에서 얻는다는 점을 기억한다면, 이러한 영상에서의 정보 교환은 K-관광을 이끄는 또 다른 요소가 된다.

최근 유튜브는 하나의 거대 '포털사이트', 즉 검색과 정보의 플랫폼으

로 변화하고 있다. 단순히 오락 기능을 담은 콘텐츠뿐 아니라 수많은 정보

가 영상의 형태로 쏟아진다. 이제 사람들은 이곳에서 필요한 모든 정보를

검색하고, 생동감 넘치는 정보를 얻는다.

수많은 유튜브 채널과 크리에이터들이 '한국'에 여행을 다녀온 후기

를 영상으로 업로드하고 있다. 패키지 관광이나 쇼핑만을 위한 한국 방문

이 아닌, 문화 교류와 경험을 위해 한국에 온 이들의 주관적인 여행기는

점차 '객관성'을 지닌 정보가 되었다. '한국 여행'이라는 키워드로 수많은

영 상 콘텐츠가 쌓여가면서 유튜브 이용자, 그중에서도 잠재 관광객들은

한국에 대한 이미지를 스스로 재생산시켰다.

물론 긍정적이거나 부정적인 수많은 이미지가 공존할 수 있겠지만,

First Time In South Korea | SEOUL (서울) KR
Kristel Fulgar ☑ 조회수 58만회 · 2주 전
TreasureHunter #FaceRepublic #SEOUL Subscribe to my channel! - http://bit.ly/KristelFulgar
Facebook: ...

Welcome First Time in Korea 2 E21 Turkey (Eng Subtitles)
Mikail Gürbüz · 조회수 13만회 · 1개월 전
Turkish guys Mikail, Mert & Cihat are visiting South Korea. Mikail Instagram: @specialdisorder.

**Vlog #11: MY FIRST TIME ABROAD!! (Day 1 in Seoul, South Korea) |
Eunice Santiago**
Eunice Santiago · 조회수 14만회 · 1년 전
Annyeong~ Welcome to my South Korea trip Day 1 vlog!! It was my first out of the country experience
and I couldn't be any happier ...

| 사진 2 | 유튜브에서 'First Korea' 키워드로 검색 시 가장 상단에 표시되는 콘텐츠

'한국 여행'이라는 키워드로 접근한 이들은 자신이 원하는 정보를 빠르고 정확하게 습득할 수 있다.

특히 이러한 콘텐츠는 한국에 관심이 없던 일반 유튜브 이용자들에 게까지 영향력을 행사하기에 이르렀다. 물론 유튜브 크리에이터의 스타 성에 기댄 효과이기는 하다. 유명 유튜버의 채널을 이미 구독하고 있던 이들이 새로운 주제, 새로운 시각의 콘텐츠라 판단하고 시청하기 때문이다. 유튜브 크리에이터들이 '한국'을 콘텐츠의 소재로 삼는다는 것, 그것만으로도 한국은 거대한 문화 교류를 이루게 된다.

| 전 망 |

유튜브와 K-관광,
그 미래는?

★

사실 유튜브는 매우 개인적인 플랫폼이다. 물론 대규모 자본이 투입된 K-콘텐츠를 배포하는 공식 채널도 다수 존재하지만, 대부분 유튜브에서 활발하게 활동하는 크리에이터들은 개인이 많다. 그리고 이들은 이제 또 다른 한류 스타로 인식되고 있다. 그들은 영화배우나 가수, 방송인들과는 달리 스스로 콘텐츠를 생산하고 시청자, 즉 잠재 관광객들과 지속적으로 소통한다. 그런데 지극히 개인적인 콘텐츠에 한국의 문화 가치관과 문화 산물이 포함되어 퍼져나가고 있다는 사실은 자칫 '한류'의 평가 영역에서 외면받기 쉽다. 하지만 그들의 콘텐츠 배경이 되는 한국의 모습은 한류에 자극을 받은 잠재 관광객을 실제 한국으로 불러들이는 강력한 힘을 지니고 있다.

한류와 관광이 점차 결합함에 따라, 맹목적인 대중문화 콘텐츠 소비를 목적으로 하는 이들은 감소하고 있다. 한국의 문화를 경험하고 자신의 문화적 욕구 충족과 경험을 목적으로 하는 K-관광객이 늘어가고 있다는 것이다. 실제로 이들이 방문하는 관광지는 'K-콘텐츠 제작'이 이루어진 랜드마크에만 머무르지 않는다. 오히려 한국 사람들의 생활에 스며들기 위해 골목골목, 다양한 장소를 관광지화시키는 것이 최신 트렌드다.

이렇게 동경과 관심을 가진 K-관광객과 한국에 사는 우리, 즉 로컬문화는 의도 여부와는 상관없이 상호간 커뮤니케이션을 겪게 된다. 필자 또한 서울 도심에서 늘어가는 외국인 관광객을 바라보며 스스로의 문화적 시각을 확장하기에 이르렀다. 내 삶의 공간이기도 한 한국, 서울은 더 이상 '나만의 것'이 아니다. 이공간, 또 이문화적인 삶의 행태는 이제 세계인이 향유하는 문화콘텐츠가 되어가고 있다.

관광을 통한 문화 교류와 자극은 점차 국경을 넘는 자유로운 행위에만 머무르지 않고, 타 문화권의 일상과 거리를 침범하게 될 것이다. 정보

122

와 통신, 이동수단이 국경을 넘어 타 문화에 닿을 뿐만 아니라, 문화와 문화가 자발적으로 생활에서 뒤섞이고, 서로의 가치관을 활발하게 교류하는 시대로 나아가고 있다. 이러한 문화 교류와 뒤섞임에는 거대 자본으로 생산된 문화콘텐츠를 넘어 지극히 개인적인 콘텐츠가 생산되는 '유튜브'의 영향력이 크다.

이를 감안한다면 국내 크리에이터들도 스스로를 한류의 주체로 인정하고, 긍정적 이미지를 확산하려는 태도를 갖추어야만 할 것이다.

또한 거대 자본과 경제적인 수익을 목적으로 하는 대중매체와 스타들이 이끄는 한류도 외면해서는 안 될 것이다. 그들이 제공하는 강렬한 첫 이미지와, 유튜브 콘텐츠가 지속적으로 제공하는 일상적이고 현대적인 한국의 모습이 함께 어우러졌을 때, 한류와 K-콘텐츠, K-관광 시장이 더욱 성장할 것이다. 이에 문화 교류의 목적지가 되는 한국은 전 세계에서 더욱 사랑받는 관광지로 나아갈 길을 함께 고민해야만 할 것이다. ㅈ

YOUTUBE
K★CONTENTS
REVOLUTION

| 제 3 장 |

이미지를 먹는다,
먹방 콘텐츠

먹방,
한국이 만들어낸
새로운 유튜브 장르

먹방(Mukbang).

이제는 너무나 흔한 말이 되었다. 한국에서 생겨난 이 신조어는 '먹는 방송'을 의미한다. 말 그대로 먹는 행위 자체를 방송으로 내보내는 것이다. 실제 먹방이라는 용어가 한국에서 유행하기 시작한 것은 아프리카TV 초창기 시절이다. 그러나 먹방은 이미 2000년도부터 있었다. 비로 〈VJ 특공대〉다. 먹방 이야기를 하다가 갑자기 왜 〈VJ 특공대〉를 언급하느냐? 바로 〈VJ 특공대〉에서 다룬 인기 콘텐츠 대부분이 식당에서 사람들이 맛있는 음식을 먹는 것이었기 때문이다. 당시 맛집이라 불리는 식당에서 과장스럽게 음식을 먹고 "정말 최고예요!"라고 엄지척을 하는 것은 이미 밈(**도킨스는 유전자가 자기복제를 하듯이 문화도 자기복제를 하는데, 문화에서 그 기능을 맡는 매개물을 '밈'으로 부르자고 제안했다. 통상적으로 동시대적 문화 공감이나 짤의 의미로 사용된다**)이 되었다고 해도 과언이 아니다.

이후 다양한 음식 프로그램이 우후죽순으로 늘어났다. 그중 현재 최고의 방송은 〈맛있는 녀석들〉이 아닐까? 그들이 엄청나게 먹어대는 것을 보면 특유의 유쾌함이 느껴진다. 혹자는 "자신과 저녁을 가장 많이 먹은 사람은 김준현 씨다"라고 이야기할 정도다.

우리는 먹방을 보고, 먹방 속 음식을 그리며, 그 앞에서 먹는다.

이 외에도 음식은 한국 미디어에서 여러 장르에 걸쳐 등장했다. 〈대장금〉(MBC, 2003), 〈온리 유〉(SBS, 2005), 〈식객〉(SBS, 2008), 〈파스타〉

(MBC, 2010), 〈신들의 만찬〉(MBC, 2010) 등 음식 만드는 직업군을 주인공으로 하는 많은 드라마가 나왔고, 별도로 드라마 전반에서 가족 식사 장면이 빈번하게 등장한다.

음식 먹기 콘텐츠가 한국 특유의 것이라고 하기에는 어렵다. 일찍이 1인 가구의 증가를 경험한 일본은 2000년 NTV에서 방영한 〈푸드파이트〉를 시초로 많이 먹기 시합을 소재로 해 사랑과 우정을 다루었고, 2009년 〈심야식당〉이 큰 사랑을 받은 후 먹거리에만 주목한 틈새 드라마들이 줄지어 나왔다.

분명 해외에도 먹는 행위를 중심으로 한 콘텐츠는 존재했고, '푸드파이터(Food Fighter)'란 용어까지 있다. 그러나 먹방과는 차이가 있는데 해외에서 유행한 '푸드파이트'는 도전의 성격이 강하다. 푸드파이터들은 짧은 시간 내에 최대한 많이 먹거나, 최고로 많이 먹는 도전을 한다. 혹은 상상을 불허하는 양의 도전 음식을 먹어 명예의 전당에 올라간다. 먹방을 하는 수많은 유튜버들도 도전을 하지만 그보다 '먹는 행위' 그 자체에 중심을 둔다.

그들은 먹고, 우리는 본다.

그들은 많은 양, 값비싼 것, 혹은 희귀하거나 너무 맵거나 특이한 것을 먹기도 한다. 하지만 더 자주 우리에게 친숙한 음식들을 '그저' 먹는다. 방송 분량을 위해 많이 먹기도 하지만 그렇지 않은 유튜버들도 있다. 중요

128

한 것은 그들이 먹는 행위를 가지고 방송을 한다는 점이다.

왜 우리는
남이 먹는 것을 보고 있을까?

★

집단적으로 특이 취향을 가진 관음증 환자도 아니고, 우리는 왜 남이 먹는 것을 보며 좋아하고 돈을 지불할까? 그것은 유튜버들이 먹을 때 우리도 먹고 있기 때문이다. 당장에 먹고 싶은 것, 혹은 먹고 싶지만 먹을 수 없는 것, 도전하기에 겁이 나는 음식을 유튜버를 통해 간접 체험한다.

즉 유튜버가 먹는 행위를 통해 보여주는 음식의 이미지를 먹는다. 음식의 시각적 이미지뿐만 아니라 먹을 때 나는 청각 이미지, 먹는 행위 중 하는 반응 이미지 등을 소비한다.

장-피에르 바르니에(Jean-Pierre Warnier)는 문화를 한 사회의 구성원인 인간이 취득한 규범, 습관 그리고 행동과 표상 지침으로 이루어진 복잡한 총체라고 설명한다. 모든 문화는 특수하고 지역적, 사회적으로 구분된다. 그렇기 때문에 주어진 한 언어 안에서의 담론적 표현 대상이고, 집단과 개인들에게는 정체성이자 다른 사람에 대한 차이를 만드는 요소이며, 사회 구성원들이 서로에 대해 그리고 환경에 대해 가지는 방향 지시의 요소다. 즉 단순한 예술 일반이나 문화산업이 아닌 지역적, 민족적 방향성을 일컬어 문화라 하며 이것은 음식, 의류, 생활양식 전반을 포함한다.

자본주의는 인간 생활의 모든 측면을 경제 영역으로 들여놓고, 그것들을 시장에서 교환 가능한 상품, 즉 소유물로 전환하는 데 그 존재 이유가 있다. '문화' 또한 이러한 자본주의 논리를 피해갈 수는 없었다. 이제 '문화를 소비하는 시대'다. 시장경제는 문화를 제물로 삼아 새로운 부를 축적하고자 한다. 결국 '문화적인 것', '문화적 의미를 가진 것'은 상품화의 도정에 놓였다. 세계는 문화를 팔아먹기 좋은 상품으로 만들기 위해 많은 노력을 기울인다.

오늘날 문화는 하나의 '상품'으로 판매되기 위해 이미지의 옷을 입는다. 회화, 영화, 음악, 광고, 음식 등 모든 문화 콘텐츠는 이미지가 되어 우리를 현혹한다. 질베르 뒤랑(Gllbert Durand)이 현대를 '이미지 범람의 시대'라고 했던 말이 과언이 아닌 것처럼, 미셸 마페졸리(Michel Maffesoli)가 '현대의 특성을 포스트모더니티로 규정하고, 이미지의 범람을 포스트모더니티의 지배 현상으로 파악했던 것'처럼, 현대 사회에 상업적으로 재생산되고 이동하는 이미지는 수도 없다. 그리고 먹방 콘텐츠는 '먹는 행위'를 이미지로서 판매하고, 소비한다.

우리는 왜
이미지를 먹으려고 할까?

★

우리는 왜 굳이 먹방을 통해 이미지를 소비하고 대리만족을 하는 걸까? 어쩌면 단순한 이유 때문이다. 바로 우리가 먹지 못한다는 점이다. 먹는 것을 사랑하고 먹는 것에 대해 거리낌이 없는 나에게 '다이어트'는 큰 근심거리다(**물론 나는 근심만 하는 듯하다**).

특히 우리가 맛있다고 생각하는 대다수 음식들을 보자. 치킨, 피자, 삼겹살, 소고기, 라면 등의 공통점은 고칼로리라는 점이다. 누군가 이야기하지 않았던가. 칼로리는 '맛의 단위'라고 말이다. 기름지고 고탄수화물의, G.I. 지수가 높은 음식일수록 맛있다. 단적인 예로 참치에서 최고 맛있는 부위라는 지위를 '대뱃살'이 차지하는 이유는 우리의 배처럼 기름지기 때문이다. 그렇기 때문에 건강과 몸매를 신경 쓰는 이들에게 '맛있는 고칼로리 음식'이란 언제나 바라지만 매일 만날 수는 없는 친구들이다.

또 우리에게 '맛있는 음식'이란 값싼 사치이기도 하지만 가계에는 부담스러운 존재다. 특히 경기 불황과 함께 1인 가구, 자취하는 이들이 늘어나면서 맛있는 음식을 먹는다는 것은 쉬운 일이 아니다. 치킨만 하더라도 2만 원은 부담해야 한다. 어찌 보면 작은 돈일 수 있지만 한 끼 식사 비용으로 쓰기에 부담스러운 돈임에는 분명하다. 괜히 로또에 당첨된다면 치

| 사진 1 | 신윤복의 〈단오놀이〉 속 저 까까머리들처럼 우리는 관음증 환자가 아니다

킨을 시켜 목만 먹고 버려서 배가 불러보고 싶다는 우스갯소리가 있겠는까?

먹방 유튜버들은 다양한 새 음식과 먹는 방식을 개발하여 사람들이 자신의 먹는 행위를 보도록 한다. 그들은 엄청나게 많은 라면을 끓이기 위해 '대형 전기 프라이팬'을 이용하고, 족발과 통삼겹살을 통째로 썹어 먹기도 한다. 마치 대신 먹어주는 아바타와 같다. 심지어 라이브 방송에서는 유튜버들이 실시간으로 시청자들의 요구를 수용하여 반응하는 데 더 말해 무엇하겠는가.

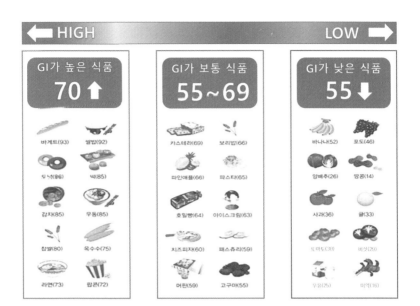

| 사진 2 | G.I. 지수표, 왼쪽으로 갈수록 맛있게 느낀다

이용자들은 푸짐하고 맛있어 보이는 음식을 먹어주는 유튜버를 앞에 두고 간단한 다이어트 음식이나 초라한 자취 음식을 먹는다. 그 모습을 보노라면 21세기 자린고비가 생각난다. 식탁 위에 굴비를 묶어놓고 밥 한 숟갈과 함께 눈으로 굴비를 먹던 조선시대 자린고비처럼, 그 이유는 다를지언정 모니터 속 이미지를 두고 밥을 먹는 행태는 21세기 새로운 자린고비이지 않은가?

K-콘텐츠와 먹방,
유튜브는 먹방을 나른다
★

소비 사회가 만연했고, 이미지는 넘쳐난다. 그러나 세계 어디에서도 그저 먹는 것을 방송하는 일은 없었다. 그래서 한국의 먹방은 K-콘텐츠를 대표하는 특유의 콘텐츠가 되었다. 마치 우리가 아는 감칠맛이 일본의 '우마미(旨味, Umami)'란 이름으로 세계에 알려졌듯이, 해외에서도 이팅 쇼(Eating show)나 푸드파이트 대신 먹방이란 단어를 고유명사처럼 사용하고 있다. 먹방은 사회적 식사의 새로운 형식으로 주목받으며, 많은 외국인들도 먹방이란 단어를 사용하여 유튜브에 영상을 올린다. 실제 유튜브에서 Mukbang이란 단어로 검색해본 결과 약 62만 2,000개의 동영상이 나온 것으로 확인되는데, 대부분 해외에서 외국인들이 올렸다.

한국에서 붐을 이루었던 먹방이 이제 전 세계적으로 퍼진 것이다. 이 사실이 재밌는 점은 글로벌 네크워크를 통해 이미지가 어떻게 전파되고, 또 어떻게 트렌드가 만들어지는지 잘 보여주는 현상이기 때문이다. 한류 현상으로서 주목해야 하는 이유 또한 먹방이 K-콘텐츠 혹은 새로운 방송 포맷으로 세계에 전파되고 있으며, 방송사나 제작사에 의해 형성된 포맷이라기보다 글로벌 네트워크에 접속되어 있는 개인들의 유행이기 때문이다. 이는 현재 새로운 한류 전파의 양상과 같다.

| 사진 3 | 먹방 BJ엠브로의 거대한 한 끼 식사

2000년대 초·중반의 한류 열풍과 다르게 이제 한류는 글로벌 플랫폼을 통해 전파된다. 단순히 연예 산업이나 대중 예술 형식의 문화콘텐츠에 국한된 것도 아니다. 글로벌 네트워크에 접속한 개인들은 유튜브라는 플랫폼에 자신의 일상과 삶뿐만 아니라 인기를 끌 만한 콘텐츠를 만들어 올린다. 이렇게 업로드된 영상은 유튜브에 접속 가능한 전 세계 모든 이들에게 공개된다. 그렇기에 K-콘텐츠 형식은 단순히 어떠한 상품에 국한되지 않고, '한국'이라는 국가 브랜드 이미지 자체가 된다.

이는 특히 유튜브에서 잘 드러난다. 유튜브 제목 혹은 태그에 적히는 한국, Korea, Korean 등의 키워드를 검색해보면 영상을 생산하는 이들은 연예 기획사나 연예인들뿐만 아니라 개인 전문 크리에이터 혹은 자신의 일상을 공유하는 일반인들이다. 또한 한국에 유학 온 학생이나 한국 문화를 사랑하는 팬덤들에 의해서도 콘텐츠가 생산·소비된다. 물론 아직까지 K-콘텐츠가 세계적 대중문화이기보다는 힙(hip)한 소수 문화 장르에 가깝다고 하더라도 말이다.

다양한 형식으로
분화하는 먹방

★

유튜브에 먹방 콘텐츠는 셀 수 없이 많다. 실제로 한국 유튜브 방송 콘텐츠 중 게임을 제외하고 가장 많은 게 먹방 콘텐츠가 아닐까 싶다. 심지어 전문 먹방 유튜버가 아닌 사람도 수많은 먹방 콘텐츠를 선보인다. 레드오션이란 말이다. 그렇기 때문에 먹방 콘텐츠는 다양한 형식으로 차별화를 꾀하며 분화하고 있다. 먹방 콘텐츠를 크게 분류해보고 각 분류마다 대표적인 유튜버를 소개해보겠다. 여기서 대다수의 먹방 유튜버가 다양한 성격의 먹방을 하고 있음을 염두에 둘 필요가 있다.

오리지널 먹방

오리지널이란 이름을 붙이는 이유는 가장 대표적이자, 붐을 일으킨 먹방 형식이기 때문이다. 기본적으로 대다수의 먹방 유튜버는 이 형식을 유지하는데 오랫동안 많이 먹는다는 것이 특징이다. 녹화 방송을 중점으로 하는 유튜브보다는 아프리카TV나 트위치 등 라이브 스트리밍에 적합한 형식으로, 스트리밍 참여자들과 대화를 하며 긴 식사(**먹는 방송**)를 한다. 대표적인 유튜버 채널로 〈밴쯔〉, 〈엠브로〉 등이 있다.

리뷰 형식 먹방

오리지널 먹방과 크게 다르지 않지만 짧은 시간에 정보를 전달하며 녹화 방송 중심의 유튜브에 적합하다. 주로 명확한 가격과 원재료가 알려진 냉동식품, 가공식품, 패스트푸드를 위주로 제조사, 가격, 맛, 양 등을 비교분석한다. 먹는 것보다는 음식이 어떠한지 설명하는 데 초점을 맞춘다. 대표 먹방 유튜버 채널로는 〈맛상무〉, 〈애주가TV참PD〉 등이 있다. 〈맛상무〉에서는 식가공업체에서 일한 경력을 중심으로 식당 컨설팅도 하고 제품 리뷰나 가공 공장 및 회사에 관한 이야기도 곁들인다.

먹방 ASMR

ASMR(**자율 감각 쾌락 반응, Autonomous Sensory Meridian Response**) 열풍이 불며 탄생하였다. ASMR 전용 마이크를 가지고 음식을 먹을 때 나는 소리에 집중하기에 음식도 단순히 맛보다는 좋은 소리가 나는 것을 택한

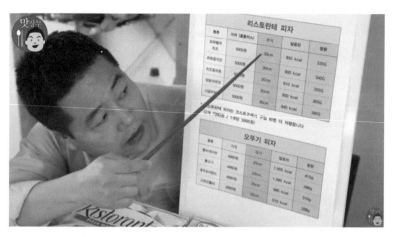

| 사진 4 | 유튜브 채널 〈맛상무〉는 단순히 먹는 것을 넘어 정보를 제공한다

다. 아삭아삭한 소리, 짜릿할 정도로 부서지는 바삭한 소리를 담기 위해 노력한다. 심지어 영상을 배제하고 먹는 소리만 따로 담아 업로드도 한다.

ASMR 영상에서는 뇌를 자극, 심리적인 안정을 유도하기 위해 바람 부는 소리, 연필로 글씨 쓰는 소리, 바스락거리는 소리 등을 제공한다. ASMR 콘텐츠는 청취자들에게 소리가 트리거(trigger)로 작용해 팅글(tingle, 기분 좋게 소름 돋는 느낌)을 느끼게 하는 것을 목적으로 한다. 그렇기 때문에 바다포도, 오이, 여주, 단무지 등을 통째로 씹어 먹는다.

대표적인 유튜버 채널로는 〈떵개떵〉이 있다. '떵개떵' 채널의 주인장들인 유튜버 '떵개'와 '개떵'을 합쳐 만든 이름이다. 이 채널은 약 2015년 시작하여 현재 구독자 338만 명을 넘는 폭풍적인 성장을 이루어냈다.

그들의 성공에는 엄청난 양의 음식을 먹어치우는 떵개의 힘이 컸다. 하지만 가장 큰 역할은 ASMR 먹방 콘텐츠가 했다. 오리지널 먹방 콘텐츠로 조금씩 자리를 잡아갔지만 ASMR 콘텐츠를 시자하면서 기하급수석으로 구독자 수가 늘었다. 먹방 콘텐츠와 ASMR을 콜라보하는 선구자였기에 큰 성공을 거두지 않았나 싶다.

리얼 사운드 먹방

ASMR은 주로 잠들기 전에 듣기에 큰 소리를 내거나 튀는 소리가 나지 않게 주의한다. 반면 리얼 사운드 먹방은 감도가 좋은 마이크를 사용하여 음식을 먹을 때 발생하는 청각 이미지를 극대화하는 것을 목적으로 한다. 그렇기 때문에 ASMR이 바다포도와 같이 맛있는 음식보다는 좋은 소리를 찾고 말소리를 최대한 줄이는 데 반해, 리얼 사운드 먹방은 음식을 맛있고 기분 좋은 소리를 내가며 먹고 리뷰를 같이하는 편이다. 대표적인 유튜브 채널로는 〈홍사운드〉가 있다.

한국 음식 리액션

한국 문화를 소개하는 유튜브 채널에서 주로 이루어진다. 그렇기에 먹방이지만 해외 반응 리액션 콘텐츠라 보아도 무방하다. 이들은 음식이 가지는 다양한 감각과 그에 따른 직관적인 반응, 공감하기 쉽고 손쉽게 구할 수 있는 소재라는 점에서 먹방을 활용한다.

해외에서 이미 유명하거나 부담이 없는 삼겹살, 한우, 불고기, 비빔밥 뿐만 아니라 불닭볶음면, 홍어, 산낙지 등 외국인이 친숙해지기 어려운 음식도 선정하여 반응의 극대화를 노린다.

대표 채널로 〈영국남자〉를 들 수 있다. 구독자 315만 명을 보유한 채널로, 채널명과 같이 '영국 남자' 조시가 호스트로 등장하여 자신의 일상과 한국을 소개한다. 조시는 런던에서 한국어과를 전공하고 고려대학교 교환학생으로 한국에 살았던 경험을 바탕으로 한식, 한국 문화를 지인이나 길거리 캐스팅한 사람에게 보여주거나 먹게 하고 그 반응을 보는 콘텐츠를 제작한다. 여태까지 라면, 과자, 술, 안주 등을 알렸다.

조시의 지인들 또한 인기를 얻어, 그들을 초대하여 한국 여행을 하고 음식을 먹는 등의 시리즈물도 제작했다. 더 나아가 영국과 할리우드 스타들을 초대하여 한국 음식을 대접하고 인터뷰를 하는 콘텐츠까지 만들었다. 예를 들어 영화 〈데드풀 2〉 홍보를 위해 내한한 라이언 레이놀즈를 초대해 '한국 술+안주를 처음 먹어본 데드풀의 반응!?'이란 영상을 제작했다. 라이언 레이놀즈는 막걸리, 파전, 김치전, 소맥, 치킨 등을 먹었고, 영화에 관한 이야기도 했다.

기존 연예 관련 방송에서 할리우드 스타를 인터뷰하는 것과 비슷하나 라이언 레이놀즈에게 음식을 대접하고 그 반응을 보는 것에 초점을 맞쳤다는 점이 재미있다.

쿡방

쿡방(Qook방)은 먹방과는 달리 요리를 하는 콘텐츠이지만 대체로 한국에서는 바늘과 실처럼 같이 간다. 그래서 잠시 언급을 하겠다. 먹방이 유행하면서 덩달아 쿡방도 유행했다. 쿡방은 말 그대로 요리쇼다. 요리를 하면 당연히 먹어야 한다. 그래서 보통 쿡방 콘텐츠를 하는 유튜버는 먹방 콘텐츠를 같이하는 경우가 많다. 대표적으로 〈SOF〉를 들 수 있다.

푸드 챌린지

챌린지는 말 그대로 도전이다. 주로 '도전 음식'이 있는 음식점에 가서 시간 내에 엄청난 양의 음식 먹기에 도전한다. 과거 유행하던 푸드파이터의 모습과 가깝다. 그 외에도 한동안 유행하였던 '햄최몇(**햄버거 최고 몇 개까지 가능**)' 등의 내용을 가지고 콘텐츠를 만든다.

이런 영상은 먹방 유튜버들이 이벤트 형식으로 진행한다. 주로 양이 많은 음식에 도전하는 것이 대부분이나, 매운 음식을 가지고 하는 경우도 많다. 특히 한국에서 시작되어 전 세계적으로 유행한 '파이어 누들(**Fire noodle**) 챌린지'에 흥미로운 점이 많아 자세히 이야기해보겠다.

불닭볶음면과
파이어 누들 챌린지

★

파이어 누들이란 말을 들어본 적 있는가? 혹자는 들어보았고 혹자는 생소할 것이다. 하지만 우리나라에서 가장 매운 라면으로 꼽히는 '불닭볶음면'에 대해 모르는 사람은 없을 것이다. 왜 갑자기 불닭볶음면 이야기를 하냐면 '파이어 누들 챌린지'는 하나의 상품이 하나의 콘텐츠가 된 경우이기 때문이며, 유튜브의 힘이 하나의 상품을 성공으로 이끄는 데 어떤 영향을 미쳤는지 잘 보여주는 사례이기 때문이다. 그렇다면 파이어 누들 챌린지는 무엇이고, 어떻게 유튜브에서 성공했는지 자세히 살펴보자.

불닭볶음면은 삼양식품에서 2012년 4월 16일 출시한 라면으로, 삼양라면 이후 삼양 최고의 히트 상품이다. 이 라면은 은은한 불닭의 향과 함께 그것을 뒤엎는 매운맛이 특징이다.

그런데 이 라면이 등장하기까지 상당히 기구한 사연이 있다. 사실 불닭볶음면의 기획안은 출시된 2012년보다 7년 전인 2005년부터 나왔다고 한다. 그런데 삼양식품은 보수 경영으로 유명한 회사로 이미 검증된 종류의 상품 개발이나 출시에는 능숙하지만 미답의 길을 개척하는 데는 미적지근했다. 그래서 본래 간쫌뽕은 현재의 불닭볶음면과 같이 마니아들을 노린 극도로 매운맛으로 기획되었으나 그런 모험을 탐탁찮게 여긴 윗분들

핵불닭볶음면 　쿨불닭비빔면 　커리불닭볶음면 　치즈불닭볶음면 　불닭볶음탕면

불닭볶음면 　마라불닭볶음면 　까르보불닭볶음면 　큰컵핵불닭볶음면 　큰컵커리불닭볶음면

큰컵치즈불닭볶음면 　큰컵불닭볶음탕면 　큰컵불닭볶음면 　컵불닭볶음면 　불닭볶음면 소스

| 사진 5 | 삼양라면 공식 홈페이지에 있는 라면 이미지

은 단호하게 거부했고 결국 2007년에 이르러야 매운맛을 확 줄이고 보편
성을 늘린 맛으로 간짬뽕이 출시되었다. 사실 주주들의 찬성이 없었다면
그나마도 출시가 어려웠을 것이다. 기획부는 사천 짜파게티나 진라면처
럼 두 단계의 맛(**무난한 맛과 매운맛**)으로 나누어 동시 출시하는 안을 내놨으
나 그마저도 기각되었다고 한다.

　　그리고 2012년, 하얀 국물 라면 열풍에 뒤이어 매운 라면이 인기를
끌자 삼양식품은 고민에 휩싸였다. 삼양 나가사끼 짬뽕으로 꼬꼬면의 반
사이익을 누려 큰 재미를 본 삼양식품은 이런 분위기를 무시하기가 힘들

었다. 기획부는 하바네로 고추를 이용한 신상품을 내놓았지만 위험성이 크다는 이유로 역시나 기각되었다. 결국 리스크가 적은 '안전한' 방법으로 과거 간짬뽕의 기획이 재발굴되었다. 매운맛을 크게 늘리고 간짬뽕과 차별화하기 위한 아이디어를 모았고 '라볶이맛'과 '불닭맛'을 두고 회의를 거쳐 후자로 의견이 모아졌다. 그제야 불닭볶음면은 세월의 흐름을 이기고 출시될 수 있었고 마니아들 사이에서 상당한 인기를 모았다.

불닭볶음면은 태생 자체는 마니악하지만, 명실공히 삼양의 대표 라면이 되었다. 현재 삼양식품은 히트 상품인 불닭볶음면의 변형 제품들을 내놓고 있는데, 봉지 종류만 8종이며 컵라면까지 하면 14종에 소스를 따로 판매하기도 한다. 기존 불닭볶음면보다 매운 '핵불닭볶음면', 차가운 비빔면으로 먹을 수 있는 '쿨불닭볶음면', 커리맛을 첨가한 '커리불닭볶음면', 치즈를 넣은 '치즈불닭볶음면', 국물이 있는 '불닭볶음탕면', 중국의 마라향을 입힌 '마라불닭볶음면', 까르보나라 맛을 첨가한 '까르보불닭볶음면' 등 더 맵게 혹은 덜 맵지만 새로운 특색을 입히는 것으로 다양한 제품을 출시하고 있다.

그런데 이 불닭볶음면이 2005년이 아니라 2012년에 출시되었기에 지금과 같은 성공을 거둔 것은 아닐까 싶다. 쉽게 예단해서는 안 되지만, 지금과 같은 세계적인 성공을 거둔 데에는 분명 출시일도 한 역할을 했다. 바로 유튜브 때문이다. 2012년에는 한국에 스마트폰이 활발히 보급되었고, 유튜브는 비록 지금과 같은 위상은 아니지만 영상을 올리고 다운 받는 것에 사람들이 익숙해진 상황이었다.

불닭볶음면은 매운맛으로 인해 대다수 사람의 입맛을 사로잡기는 힘들다. 기본적으로 매운맛이란 미각이 아니라 통각과 관련되어 먹는 이에게 고통을 안겨준다. 먹고 나서도 장기에 강한 통증을 주기도 한다. 괜히 속된 말로 '똥꼬에 불난다'고 하는 것이 아니다. 그런데 이러한 가학적인 음식은 이제 한국 사회에서 하나의 밈이 되었다. 강한 생강과 고추의 매운 맛이 특징인 낙지볶음이라든지 10여 년 전에 유행했던 핵폭탄 닭꼬치, 닭발, 불족발, 떡볶이 등 수많은 한국 음식이 매운맛으로 사람들의 혀를 불태우고 위장을 녹였다.

이러한 음식은 사실 '맛'이라는 것이 무의미하다. 너무나 매워 제대로 맛을 느낄 수 없으며, 재료의 기본 맛도 가려져버린다. '불(fire)'이라는 명사가 붙은 매운 음식들은 단순히 맛있는 음식을 먹기 위해서라기보다 고통을 느끼고, 그것을 해소하는 행위 자체에 초점이 맞추어져 있는 것으로 보인다. 라면은 이러한 '매움'을 즐기기에 좋은 대상임에 분명하다.

라면은 싸고, 보급이 쉬우며, 오래 저장된다. 구하기도 쉽고 먹기도 쉽다. 또한 강한 나트륨과 조미료로 이루어진 분말 수프를 넣어 먹는 인스턴트 음식으로 '재료 본연의 맛'과 거리가 멀다. 그렇기에 모든 맛을 잡아먹고 고통을 선사하는 매운맛은 라면이란 음식과 궁합이 잘 맞는다. 그럼

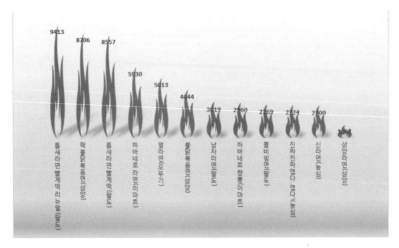

| 사진 6 | 한국 라면의 스코빌지수 순위

에도 스코빌지수가 6,000이 넘는 라면은 쉽게 나오지 않았다. 매운 라면은 마치 19금 영화와 같다. 예를 들어 영화 〈데드풀〉이 투자 받기 어려웠던 이유가 시리즈에 꼭 등장해야만 하는 폭력성과 성 유머 때문에 19금 딱지가 붙기 때문이었다. 아무리 재밌는 영화라도 19금 딱지가 붙는 순간 매출은 감소할 수밖에 없다. 수요층 자체가 줄어들기 때문이다. 하지만 이러한 마니아를 겨냥한 상품이 대중적 인기를 얻어 대박을 터뜨리기도 한다. 마치 〈데드풀〉이 투자 대비 큰 성공을 거뒀던 것처럼 말이다.

이것이 블루오션의 힘이다. 블루오션은 시장이 작고, 실패 리스크가 크지만 그만큼 성공했을 때 한 시장을 선점하는 효과를 가져온다. 불닭볶음면은 매운 라면의 대표주자로 성공하였고, 여타 라면회사는 〈사진 6〉과

146

같이 너도나도 스코빌지수를 올리기 시작했다. 하지만 매운 라면의 대표는 여전히 불닭볶음면이다.

이러한 불닭볶음면의 세계적 성공 이면에는 '파이어 누들 챌린시'라는 생소한 유튜브 콘텐츠 트렌드가 있었다. 파이어 누들이라 불리는 불닭볶음면 한 그릇을 모두 먹는 것에 도전하는 영상으로, 유튜브 최초의 영싱은 2013년 한국의 중학생들이 만들었으나 2014년 〈영국남자〉에서 콘텐츠를 제작한 이후 폭발적으로 도전이 늘어났다. 한류를 다루거나 혹은 그렇지 않더라도 '파이어 누들 챌린지'는 유튜브 크리에이터로서 한 번쯤 찍어볼 만한 콘텐츠가 되어, 유튜브에서 '파이어 누들 챌린지'로 검색 가능한 콘텐츠만 수만 건에 이르게 되었다.

챌린지와
도구화된 음식

★

보통 도전 음식 하면 산더미처럼 쌓인 밥과 고기를 떠올린다. 일반인은 도저히 먹을 수 없는 양을 촉박한 시간 내에 먹으면 보상으로 음식값을 지불하지 않아도 되었다. 이것은 푸드파이트 대회의 축약본과 같다. 그런데 다른 방식으로 도전하게 하는 음식들이 있다. 바로 극악한 고통을 선사하는 매운 음식이다. 너무 매워 기절하거나 상해를 입더라도 책임을 묻지 않는 다는 계약서를 써야만 먹을 수 있는 음식들. 미국에서 유명한 핵폭탄 치 킨, 일본의 매운 라면 등을 들 수 있다. 한국에서는 온정동 돈가스나 신길 동 매운 짬뽕 등이다. 이러한 음식을 다 먹으면 가게 한켠에 자리 잡은 명 예의 전당에 오를 수 있다.

도전 음식은 하나의 시련이며, 이를 극복하면 보상(**무료 음식 혹은 명예 의 전당**)을 받게 된다. 여기서 음식은 더 이상 우리가 아는 음식이 아닌 하 나의 게임 도구다.

이러한 게임의 구조는 루두스(**Ludus**)의 개념을 통해 이해할 수 있다. 루두스는 라틴어로, 경기·게임이란 의미다. 로제 카이와(**Roger Caillois**)는 놀이를 분류하기 위해 파이디아(**Paidia**)와 루두스를 사용하는데, 파이디아 가 무질서하고 변덕스런 놀이하기(**Playing**)라면, 루두스는 규칙과 목적이 있는 놀이로서 게임하기(**Gaming**)를 의미한다. 고의로 만들어내고 제멋대 로 정한 곤란을 해결하여 맛보는 즐거움의 원동력이 되는 것이 바로 루두 스다.

게임의 구조를 단순화시켜서 이야기해보자. 게임을 하는 주체인 플 레이어는 지속적인 장애물 혹은 시련을 만나고 이를 다양한 방식으로 극 복해나가며 그때마다 상응하는 보상을 성취한다. 도전 음식을 먹는 행위, 음식 챌린지는 게임이다. 유튜브의 파이어 누들 챌린지 또한 하나의 게임

148

인 것이다.

불닭볶음면은 파이어 누들 챌린지라는 게임을 하기 위한 도구다. 아주 매운 음식인 불닭볶음면을 준비하고 이것을 하나 다 먹으면 성공이다. 이러한 장면을 찍어 유튜브에 올리고 인증해야 한다. 그것으로 '불닭볶음면을 먹은 사람'이란 '명예'를 획득할 수 있다.

이 게임에서 중요한 것은 불닭볶음면을 먹지 못하는 존재들이다. 그들은 다 먹은 이의 보상심리(**명예**)를 채워준다. 시련을 극복하지 못하고 매운맛에 고통스러워하는 이들의 모습은 지켜보는 관객들에게 한 편의 소극(**笑劇**)처럼 웃음과 재미를 선사한다. 결국 구독자 수와 조회수가 상승한다.

이러한 요소는 고전적인 예능 콘텐츠부터 해외 반응 콘텐츠에도 잘 나와 있다. 관객들은 본인과 비슷한 위치의 일반인이 출연하는 TV 프로그램 등에서 원하지 않는 상황에 처해 괴로워하거나 뜻하지 않은 망신을 당하는 모습을 관망하며 그렇지 않은 자신의 모습과 은근히 비교하고, 그보다는 자신이 낫다고 여겨 행복감과 여유를 맛보기도 한다.

이런 심리를 이용해 미디어 오락거리로 만든 프로그램을 휴밀리테인먼트(**망신을 주다**=Humiliate + **오락**=Entertainment)라고 한다. 그리고 불닭볶음면은 휴밀리테인먼트를 만들기 위한 값싸고 구하기 쉬운 도구다. 불닭볶음면의 장점이 유튜브라는 글로벌 네트워크와 만나 폭발적인 콘텐츠 제작의 도구로서 인기를 끌게 되었다.

글로벌 네트워크와
불닭볶음면

★

불닭볶음면, 그리고 불닭볶음면 먹기에 도전하는 '파이어 누들 챌린지'는 왜 세계적 인기를 구가하게 되었을까? 불닭볶음면이 선사하는 휴밀리테인먼트는 유튜브 영상 제작이 손쉬웠기에 누구나 적은 제작비로 만들 수 있었다. 또 단순한 게임 형식으로 보는 이들이 쉽게 이해할 수 있다. 무엇보다 불닭볶음면에 의해 망가져가는 사람들의 모습은 즉각적인 재미를 선사했지만 과도하게 폭력적이지는 않은 수위다.

그래도 파이어 누들 챌린지가 단순히 한국의 특수한 포맷 형식을 넘어, 세계적으로 고유명사화한 K-콘텐츠가 된 바탕에는 유튜브가 있다. 글로벌 네트워크 유튜브를 통한 한류 현상은 단순히 파이어 누들 챌린지 콘텐츠에 국한된 것이 아니다. 2012년 싸이의 〈강남스타일〉이 몰고 온 전세계적인 열풍, BTS의 인기와 아미의 결집 또한 글로벌 네트워크 환경이 조성되었기 때문에 일어난 현상이다.

한국에서 만들어진 먹방 콘텐츠는 이제 한국을 넘어 세계 여러 나라에서 제작되고 있다. Mukbang이란 이름을 붙이고 올라오는 영상은 앞의 커버댄스 영상처럼 K-콘텐츠를 소비하는 방편으로 만들어진 게 아니다.

오히려 그들 중 몇몇은 K-콘텐츠를 소비하지 않는 이들일 수 있으며, 그저 조회수가 많이 나오는 트렌디한 포맷을 활용했을지도 모른다. 하지만 이러한 먹방 콘텐츠를 제작하고 소비하는 방식은 한국에서 만들어냈다.

다시 말하지만, 이제 K-콘텐츠의 세계화 현상은 단순히 연예 산업이나 대중문화에만 국한되지 않는다. 한국은 문화와 소비 형태, 일상과 인프라를 전파하는 문화 수출국이며, 이러한 트렌드를 선도하는 것 또한 K-콘텐츠의 한 형식이다. 처음에 먹방을 본 외국인들 대다수는 이러한 이미지 소비 형식을 이해할 수 없어했다. 하지만 이제 많은 이들이 먹방이란 단어를 인지하고 콘텐츠를 생산, 소비하고 있다. 이는 한국의 소비 형식 그 자체를 이해하고 받아들이기 시작했기 때문이다.

유튜버 망치가
한식 세계화를
이끌다

문화의 흐름이 빠르게 바뀌고 있다. 정보기술(IT)의 발달로 전 세계를 하나로 연결하는 공간(**유튜브를 비롯해 페이스북, 넷플릭스, V앱 같은 인터넷 플랫폼**)이 등장하면서 우리의 일상마저 바뀌었다. 프리미어리그, 분데스리가, 라리가 축구, 메이저리그 야구 같은 먼 나라의 스포츠가 보통의 화젯거리가 되었다. 그와 함께 한국 안에서는 양꼬치, 쌀국수, 나시고랭, 커리, 란, 바게트, 케밥, 리조또, 파에야의 향과 맛이 일상으로 자리 잡았다. 세계 각국의 맛을 보기 위해 인터넷을 검색해 맛집 순례를 하는 이도 많아졌다.

반대로 음악, 게임, 드라마, 스포츠, 음식, 영화 등 한국의 다양한 문화 또한 세계 곳곳으로 빠르게 퍼져 나갔다. 'IT 강국' 한국은 강력한 디지털미디어 공간의 성장에 발맞춰 '디지털화된 문화(**K-콘텐츠**)'를 세계인과 공유하면서 다양하게 확대 재창조 및 연대하며 '한류'를 꽃피우고 있다.

전 세계가 하나로 엮이게 된 데에는 디지털미디어의 공만 있는 것은 아니다. 세계 곳곳으로 터전을 옮긴 한국 이주민들의 영향 또한 빼놓을 수 없다. 이주민은 모국과 이주국 어디에도 온전히 속하지 못한 채 문화적 경계 위에서 살아간다. 그런데 이렇게 현지 사정을 잘 알고 고유한 민족적 속성도 지닌 이주민들의 열성이 한류 열풍에 한 몫을 하고 있는 것이다.

세계화의 흐름은 이렇듯 인터넷과 전 지구적 인구 이동 등 다양한 상호작용의 결과로 가능했다. 요즘 뜨겁게 달아오른 '한식의 세계화'에서도 이러한 현상을 엿볼 수 있다. 한국 정부는 수백 억의 예산을 들이고도 한

| 사진 1 | 망치 동영상 시작 부분

식의 세계화에 실패했다. 그것을 '재미교포 망치(Maangchi)'가 해냈다. 물론 망치 혼자 해낸 일은 아니다. '유튜브'라는 거인의 어깨 위에 서 있었기 때문에 세계인과 소통하며 한국의 맛을 전 세계에 알릴 수 있었다.

한국 고유의 맛을
전 세계에 알리다

★

"헬로, 에브리바디!"

　유튜브의 망치 영상이 켜지면 경쾌한 칼질 소리와 함께 발랄한 목소리가 울려 퍼진다. '망치(**한국명 김광숙, 미국명 에밀리 김**)'는 유튜브에서 한국요리 채널을 운영하는 미국의 스타 유튜버다. 2007년 4월부터 비빔밥, 김치, 불고기, 소고기무국, 순두부찌개, 빈대떡 같은 한국의 음식을 소개하면서 '엄마 손맛'으로 세계를 사로잡았다.

망치의 요리 채널은 전 세계 구독자가 340만 명이 넘는다. 이는 미국 '살림의 여왕' 마사 스튜어트와 유명 요리사 올턴 브라운, 리 드러먼드, 아이나 가르텐의 구독자 수를 모두 합친 것보다 많다고 한다. 지금까지 유튜브에 올린 음식의 수만도 360여 가지에 달한다. 2015년에는《망치의 진짜 한국 요리》라는 제목의 책을 출간해 아마존 베스트셀러에 오르는 기쁨도 누렸다. 2015년 〈뉴욕타임스〉에서는 망치를 미국 가정식의 여왕으로 손꼽히는 줄리아 차일드에 비유하며 극찬하기도 했다.

망치가 유튜브에 요리 영상을 제작해 올리게 된 건 순전히 아들의 권유 때문이었다. 망치는 1992년 가족과 함께 미국으로 이주했다. 하지만 2003년 남편과 이혼하고 자녀들을 모두 독립시킨 뒤에는 온라인 게임에 빠져 몇 년을 보냈다. 보다 못한 아들이 "인터넷을 좀 더 유익하게 사용하면 좋겠다"며 요리 영상 제작을 제안했다. 미국으로 건너온 직후 다양한 식당에서 일했고, 현지화된 한국 음식에 적응하지 못하는 이민자들에게 직접 요리해주기를 즐겼던 엄마를 잘 알아서였다.

"사람들 앞에 나서는 일이 엄두가 나지 않았어요. 하지만 영어로 된 한식 요리법들이 죄다 엉망이었죠. **(한국 교민 자녀들과 미국인들에게)** 제대로 된 한국 음식을 꼭 소개하고 싶었어요.”

취미라 생각하고 용기를 냈다. 게임할 때 사용했던 ‘망치’라는 닉네임으로 유튜브 계정을 만들고 처음 올린 요리는 ‘오징어볶음’이었다.

“어린 시절 여수의 바닷가 마을에서 자랐어요. 아버지가 수산물 경매와 관련된 일을 하셔서, 오징어 같은 해산물은 제게 익숙하고 특히 자신 있는 식재료예요. 자연스러운 선택이었죠.”

망치는 한국요리 채널을 열며 그렇게 새로운 세상으로 한 걸음 발을 내디뎠다. 어려서 즐겨 먹던 요리를 가장 먼저 선택한 건, 추억의 집밥으로 이주민의 고단하고 외로운 삶을 위로받고 싶어서가 아니었을까. 그래서인지 망치가 소개하는 음식은 주로 한국의 가정에서 흔히 먹는 집밥 메뉴들이다. 열흘마다 꾸준히 유튜브에 영상을 올리면서 구독자의 호응이 더해졌다. 생일 미역국으로 여자 친구의 마음을 사로잡았다는 영국인 남성, 닭 강정으로 회사 파티에서 스타가 되었다는 미국의 신입사원, 김치 만드는 법을 배워 한국인에게 되레 팔았다는 남미 여성…. 수백 통의 감사 인사가 메일로, 댓글로 날아들었다.

세계 각국에서 보내는 사연과 질문을 받으며 망치는 유튜브가 ‘나만의 재미’에서 나아가 ‘알리고 배우는 공간’이 될 수 있음을 깨달았다. 한국에서 사범대를 졸업하고 미국에서도 보조교사 일을 오래 했던 터라, 유튜브를 ‘교육’ 도구로 삼을 수 있겠다는 생각은 망치의 열정에 불을 댕겼다.

156

한국의 진짜 맛으로
승부하다

★

망치는 그간의 노하우를 바탕으로 미국인이 따라 하기 쉽도록 한식의 요리법을 구체화하고 단순화했다. 또 재료 손질하는 법, 오래 저장하는 법, 더 맛있게 먹는 법까지 고심하며 친절하게 설명한다. 계량 방식도 자기만의 기준으로 단순하게 알려준다.

망치는 미국인에게는 생소한 생선 젓갈, 막걸리, 멸치육수 만드는 방법에다가 된장, 고추장, 장아찌 같은 발효 음식을 담그는 법까지 알려준다. 자신이 좋아하는 '진짜 한국의 맛'이라야 세계인의 입맛도 사로잡을 수 있다고 믿어서다. 그래서 요리할 때 고춧가루나 액젓, 마늘도 굳이 빼지 않는다.

"미국 사람들이 마늘을 싫어한다고요? 이탈리아 음식, 멕시코 살사에 마늘이 얼마나 많이 들어가는데요. 매운맛도 그래요. 인이 박인다고 하죠? 우리 음식은 한번 맛보면 중독이 된답니다. 요즘엔 어떻게 알았는지 매운 불닭, 매운탕, 해물찜 같은 것도 요청이 와요."

망치가 소개하는 요리는 더 다양해졌다. 점차 라면, 치즈 불닭, 팥빙수, 샌드위치, 햄버거, 맛동산, 붕어빵처럼 한국인이 자주 먹는 분식, 간식, 과자, 인스턴트까지 '망치 스타일'로 개발한 한국의 대중 음식도 많아졌다.

요즘에는 코리안 푸드나 코리안 스타일 대신 "망치 스타일"을 외칠 때가 더 많다. 그렇지만 망치의 요리 원칙은 '한국인들이 먹는 맛 그대로'다.

"미국인이나 한국 이주민 자녀들의 입맛에 맞춰 덜 매우면서 더 달고 짠 한식은 진짜 우리 맛이 아니에요. 고추의 매운 맛과 젓갈의 비린내가 제거되면 감칠맛이 떨어지거든요. 진짜 우리 맛으로 승부해야 해요."

망치의 예상은 적중했다. 망치가 한국요리 채널을 운영한 지 10여 년이 지난 지금, 뉴욕이나 베를린에서는 불고기, 비빔밥, 바비큐 같은 이미 익숙한 한식보다 육회, 들깨탕, 꼬리찜, 삼겹살, 김치찜처럼 한국인들이 먹는 진짜 한식에 열광하게 되었다. 고추장, 된장, 액젓 같은 한국 전통 양념은 없어서 못 판다고 한다. 미국 건강 전문지 〈헬스〉는 한국 김치를 세

| 사진 2 | 〈망치〉 채널의 김치 만들기

계 5대 건강식품으로 선정했고, 뉴욕에는 요즘 '김치 벨트'라는 신조어가 생겼다. 이 모든 것이 망치가 유튜브 최고의 인기 요리사로 활동하는 동안 꾸준히 이루어졌다.

유튜브가 바꿔놓은
망치의 삶

★

문화에는 한 개인이든 나라든 그네들의 삶과 생각, 정신이 담겨 있다. 음식 문화는 특히 일상과 밀착되어 있어, '만들고 먹는' 사람의 생활과 거기서 우러나는 감정, 정서, 철학까지 생생하게 담아낸다.

망치가 요리를 만들고 먹는 영상을 보면 당시 망치의 생활, 생각, 감정을 엿볼 수 있다. 유튜브 크리에이터로서 첫발을 떼던 초창기의 요리 동영상에서의 망치는 요즘과 사뭇 다르다. '같은 사람 맞나?' 싶을 정도다. 그동안 촬영과 편집 기술, 진행 실력이 좋아졌음을 감안하더라도 차이가 크다. 10년도 훨씬 전이니 더 젊어 보여야 하는 게 당연한데, 초창기 동영상 속 망치는 오히려 중후하고 조용하고 어둡다. 송송 파를 썰고, 조물조물 나물을 무쳐 내는 야무진 손길은 간데없고, 능숙하지만 무거운 손놀림이 왠지 거칠어 보인다. 높낮이 없이 낮게 웅얼거리는 말소리는 흐릿하다. 말

수도 적어서 설명이 끊기면 클래식 음악이나 한국 국악기 연주곡만 잔잔하게 한참을 흐른다. 재료를 손질하면서, 음식이 끓는 동안, 요리를 시작하거나 마치면서 쉼 없이 늘어놓는 재치 있는 입담은 어디로 갔을까? 요리하는 내내 "뷰티풀", "오, 마이 갓!", "스멜스 굿", "베리베리 딜리셔스!", "아이 러브 잇!"을 연발하며 까르륵대는 호탕한 웃음소리는 아예 들리지도 않는다.

초기 동영상에서의 망치는 움직임이 적고 느릿한 몸짓에서 외롭고 고된 삶이 보이는 것만 같다. 설거지감이 쌓인 싱크대 옆에서 요리한 음식을 맛보며 "굿! 딜리셔스!" 한마디로 음식에 대한 감상을 마칠 때는 안타까움을 넘어 쓸쓸함마저 느껴진다.

그렇지만 최근에는 전혀 딴판이다. 긴 인조 속눈썹에 커다란 머리핀, 알록달록한 옷차림이 개성 만점이다. 얼굴에 웃음기가 가득하고 중저음을 한 톤 올린 목소리는 또랑또랑하다. 카메라 앞에서 손을 흔들 며 인사하는 모습 또한 귀엽다. 하지만 오늘의 요리를 말할 때는 자못 진지해진다.

"투데이, 우이 아 고잉 투 메이크~."

음식 이름을 한국어로 한 자 한 자 또박또박 들려주고, 화면으로 영문과 함께 한글 표기도 보여준다. 이어서 식재료에 대한 다양한 정보, 음식에 얽힌 문화, 어릴 적 추억, 개인적 경험과 생각을 술술 이야기한다. 요리를 시작해 손놀림이 바빠져도 이야기는 멈추지 않는다. 이따금 말이 끊겨도 잠시뿐, 이내 동통 튀는 목소리로 다시 이야기가 시작된다.

"이 새우는 어디로 갈까요? 누구 입으로 들어갈까요?"

시청자에게 질문을 던지고는 혼자 까르르 웃는다. 대답은 뻔하다.

"제 입이요!"

이런 사람이 어떻게 말을 잃고 살았을까 의아할 정도다.

망치는 요리하는 틈틈이 사용한 냄비, 도마, 조리 기구 등도 재빠르게 씻어서 정리한다. 덕분에 요즘에는 요리가 끝나면 깔끔한 탁자 위에서 여유롭게 '자신만을 위한 식사'를 즐긴다. 맛에 취해 젓가락질을 멈추지 못하면서도 정성 들여 만든 한 접시의 음식이 자신을 얼마나 기쁘게 하는지 온갖 감탄사와 말로, 표정으로, 온몸으로 '오랫동안' 표현한다.

처음에 망치는 인터넷에서 좀 더 건강하게 활동하려고 요리 채널을 시작했다. 그 뒤 맛있는 한국 음식을 세상에 알리려고 활동을 계속했지만, 지금은 무엇보다 자신을 위해 유튜브 영상을 만들고 있다. 유튜브 친구들과 하루하루 맛있는 요리를 해 먹으며 행복하게 살고 싶어서 말이다.

유튜브 활동을 시작한 지 10주년이 되는 날, 망치는 첫 요리로 올렸던 '오징어볶음'을 다시 올렸다. 영상에서 망치는 "유튜브 하기 참 잘했다"며 "10년, 20년 후에도 힘이 닿는 데까지 유튜브 영상을 만들겠다"고 약속했다. 무표정했던 10년 전과는 달리 망치의 얼굴에는 행복한 웃음이 가득했다. 오징어볶음으로 한 상 차려 놓고는 한 입 먹을 때마다 맛과 향, 식감을 설명하느라 바쁘다. 그 와중에도 10주년 축하 샴페인을 터뜨리고 "건배"하는 걸 잊지 않는다.

최근 영상 속 망치를 보면 스스로에 대한 자부심과 자신감이 넘친다.

"오, 맛있어요. 제가 맛있으면 여러분도 맛있는 거 다 알아요."

건네는 농담에서 10년 전에는 느끼지 못했던 당당함이 보인다. 망치는 요즘 자주 이렇게 권한다.

"우리 같이 건배해요!"

"가족과 이웃을 불러 파티를 열어보세요."

"오늘 만든 샌드위치를 들고 봄을 만끽하러 나가요, 우리!"

망치,
한국을 넘어 세계로!

★

망치의 한국요리 동영상은 모두 영어로 진행된다. 음식 이름도 Bulgogi(불고기), Sigeumchi-namul(시금치나물), Gim-Gui(김구이)처럼 영어로 표기한다. 하지만 비영어권 나라에서도 망치 채널을 구독하는 사람이 많다. 영어를 그 나라 말로 번역해 올려주는 열성 팬들 덕분이다. 인기 요리일수록 자막의 수가 많은데, 조회 수가 가장 높은 '김치'의 경우 자막이 34개다. 다른 동영상의 자막까시 합하면, 영어와 한국어를 비롯해 스페인어, 헝가리어, 그리스어, 베트남어, 인도네시아어, 중국어, 프랑스어, 러시아어, 터키어, 덴마크어, 체코어, 필리핀어, 네덜란드어, 독일어, 태국어 등 번역된 언어 수만 50개 가까이 된다.

망치는 어떤 음식이든 오직 '맛'으로 승부해야 한다고 여긴다. 그래서 요리 채널을 처음 시작할 때에는 한국적 요소를 모두 배제한 채 요리법을 소개하는 데에만 집중했다. 2~3년이 지나서야 영어 음식명 밑에 한글 표기가 등장했다. 2013년 즈음부터 다양한 국적의 팬들이 자국어로 자막을 올렸는데 한국어는 빠진 경우가 많았다. 모국어니 올려줄 법도 한데, 그러지 않았다. 2015년이 되어서야 망치는 영어와 함께 한국어 자막을 올린다. '알감자' 동영상에서 망치는 처음으로 정중히 한국어로 말했다.

"요즘 많은 한국인들이 제 영상을 보고 있어요. 한글 자막이 여러분들이 맛있는 한국 음식을 만드는 데 도움이 되길 바랍니다."

'한국인에게도 맛으로 승부하겠다'는 강한 자신감이 엿보이는 말이다. 3~4년 전부터 망치는 요리하는 사이사이 한국 문화, 음식에 얽힌 추억, 가족이나 이웃 간의 일화 등을 이야기했다. 또 복잡한 요리가 아니고는 5~6분을 넘지 않던 동영상 시간이 두 배 가까이 길어졌다. 요리 품평 시간도 훨씬 즐거워졌다. 표현도 풍부하고 위트가 넘친다. '맛동산'을 맛볼 때는 "땅콩으로 버무린 튀김 과자~"라고 옛 광고 노래를 흥얼거리는가 하면,

애교 넘치는 농담을 건네기도 한다. '소고기야채죽'을 만들 때는 아버지가 돌아가시기 전 투병할 때 만들어드린 음식이라며 눈시울을 붉히기도 했다. 길어진 요리 품평 시간이 웬만한 '먹방' 못지않게 재미나고 감동적이다.

유튜브는 망치에게 새로운 삶의 공간이자 세상으로 나가는 통로가 되어주었다. 한국의 맛에 끌려 찾아온 사람들과 소통하고 공유하면서 망치는 점점 자신감을 얻게 되었다. 이제 요리를 설명하는 말투에 힘이 생겼고 한국의 맛을 전하는 자세도 달라졌다. 굳이 한국을 내세우려고 하지 않지만 한국의 맛을 사랑하는 사람과 행복을 찾으려 한다.

"한국의 식품 회사, 조리 기구 회사에서 제품 협찬 문의가 끊이지 않아요. 한국 정부에서도 요리 시연을 해달라고 수시로 연락이 오고요. 미안한 일인데 대부분 거절해요. 노출에 신경 쓰다 보면 자신감이 떨어지거든요. 한국의 맛을 좋아하는 사람이 많아지면 자연스레 한국 식재료도 찾을 것이고, 장기적으로 K-푸드 시장이 커질 거예요. 멀리 봐야 합니다."

현대는 공과 사의 경계가 흔들리는 시대다. 현실과 디지털미디어 사이의 경계 또한 불확실하다. 눈에 보이지 않는 공간에서 일어난 일로 인해 실제 생활이 크게 바뀌기도 한다. 물질성, 비물질성을 따지는 일도 의미가 없어졌다. 게다가 전 지구적 이주로 인해 국경과 민족의 경계도 흐려지고 있다. 사적인 것과 공적인 것, 정상과 비정상, 주류와 비주류, 지배적인 것과 주변적인 것의 구분이 유동적으로 변했다.

오랫동안 확실하다고 믿어왔던 경계가 모호해지면서 '개인'이 중요한 시대가 되었다. 나라와 민족, 회사는 예전만큼 우리에게 든든한 울타리가 되어주지 못한다. 자기 취향과 생각, 가치를 표현하면서 타인과 소통함으로써 스스로 공동체를 형성하고 자기 정체성을 세워야 한다. '성공한 크리에이터'로 자리매김한 망치는 이러한 시대의 요구를 잘 보여준다.

| 전 망 |

디지털미디어 시대를 사는 개인의 자세

★

현대의 개인은 자기만의 고유한 창작 작품(**콘텐츠**)을 디지털 공간에 공유함으로써 스스로 공동체(**팬덤**)를 형성할 수 있다. 디지털 공간에서는 누구나 시간과 장소의 제약 없이 자유롭게 타인과 교류하며 '개별적이면서도 연쇄적인' 상호작용을 할 수 있다. '혼자' 디지털 기기 앞에서 콘텐츠의 창작과 순환, 유통에 참여하는 것만으로도 사회적 관계를 맺기 위한 능동적 활동이 되는 디지털미디어의 시대가 온 것이다. 그 중심에 유튜브가 있다.

망치는 유튜브 안에서 국경을 넘어섰다. 한국 음식을 미국에서 영어로 전파하고 있지만 민족주의나 영어 제국주의에 갇힐 필요도, 모국과 이

주국의 경계를 그을 이유도 없다. 자신의 생각과 느끼는 바를 자유롭게 표현하고 공유하고 연대할 수 있는 '사회적 활동 공간'에 이미 자리해 있기 때문이다.

이제 망치는 자신이 무엇을 하고 싶은지, 무엇을 말하고 행동해야 하는지 정확히 알고 있는 것 같다. 망치의 말투가 어느새 확신에 차 있다.

"외국인의 식탁에 오르는 한국 음식은 아직 아주 적어요. 한식 재료를 소개하다 보면, 그 재료를 영어로 처음 말하는 사람이 될 때가 있어서 부연 설명까지 자세히 해야 하는 경우가 생겨요. 뿌듯하면서도 한편 씁쓸하죠. 다양한 한국요리가 외국인들의 식탁에 오르는 날까지, 앞으로도 열심히 한국 음식을 세계에 알리고 싶어요."

유튜버 망치의 변화를 보면서, 사적인 생활에 지대한 영향을 미치는 마음의 열정, 정신적 사유, 감각의 즐거움조차도 실은 공적 영역으로 포함되지 못하면 불확실하고 비현실적일 수 밖에 없음을 확인하게 된다. 이는 디지털 시대의 개인이 어떻게 존재하고 성장하면서 세상과 관계 맺어야 하는지 시사하는 바가 크다.

망치는 요리 채널을 연 뒤로 매년 팬미팅과 다양한 이벤트를 열고 있다. 처음엔 열댓 명의 팬들과 한국 음식을 나눠 먹는 조촐한 만남이었지만, 2010년부터는 김치 콘테스트, 한국 음식 사진 콘테스트, 요리쇼, 한국 식료품점 탐방 등 다양한 만남의 자리가 열린다. 2017년에는 '망치의 한국

166

요리 채널 10주년'을 축하하는 포트럭 파티(potluck party. **각자 만든 음식을 가져와 나눠 먹는 식사**)를 열기도 했다. 이따금 팬을 직접 찾아가 함께 요리하는 시간을 갖기도 하고, 다른 유튜버를 초대해 요리를 하고 음식을 나눠 먹기도 한다. 온라인상의 교류이지만 오프라인 모임을 통해 좀 더 생동감 있는 교감을 나누고 있다.

새로운 디지털 세상에서 망치가 유튜브의 어깨에 올라 오로지 자신이 좋아하는 다양한 음식을 전파하며 사람들과 교류하고 성장해가기를 기대해본다.

YOUTUBE K★CONTENTS REVOLUTION

| 제 4 장 |

유튜브,
세상을 움직이는 힘!

유튜브와
게임의 세계관

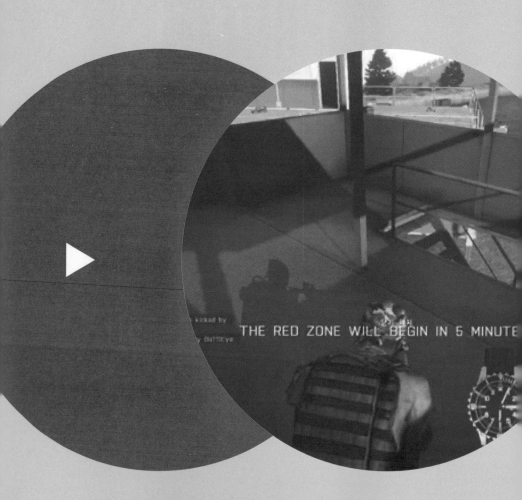

유튜브에는
게임 전문 채널이 많다

★

유튜브에는 게임 리뷰, 플레이뿐 아니라 게임 관련 소식을 전해주는 채널이나 특정 게임의 공략법을 알려주는 채널이 많다. 아마 정보의 양으로 따진다면 이미 게임 전문방송인 온게임넷을 넘어서지 않았나 싶다. 먹방, V로그 등 다양한 영상이 있지만 종류로 따지면 겜방이 가장 많을 것이다. 그것은 인터넷 방송이 태생적으로 게임 방송에 적합하기 때문이다.

그 이유로 먼저 이미 스트리밍 플랫폼이나 게임 유통 플랫폼인 스팀 등 다양한 방식으로 게임 화면을 송출하는 시스템을 제공하고 있다는 점, 실내에서 여러 상황을 연출하기에 게임이 적절하다는 점, 인터넷 방송에 친숙한 대다수 세대가 게임에도 친숙하다는 점을 들 수 있다.

특정 게임을 플레이하고 소개하는 영상은 주로 유튜버가 좋아하는 게임이 중심이 될 수밖에 없다. 한국의 레전설(레전드+전설)이 되어버린 프로게이머들이 자주 하는 스타크래프트와 롤, 오버워치 등의 유명 게임부터 고오급 레스토랑(히어로즈 오브 스톰)의 플레이와 정보를 알려주는 채널 〈빡겜러〉나 본격 유다희(You died) 양과의 연애 시뮬레이션 다크소울과 일명 소울라이크 류의 게임을 전문적으로 하는 〈보야〉 등의 게임 채널까지 특정 게임의 플레이, 공략, 세계관 소개 등을 중심으로 하여 게임 채널이

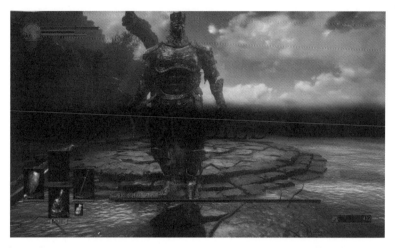

| 사진 1 | 죽을 때마다 유다희 양과 만나다 보면 고수가 되는 본격 연애 시뮬레이션 게임 〈다크소울〉

구성된다. 게임 채널이 많은 만큼 이들은 다루는 방식에 따라 구분을 할 수 있다.

특정 게임 전문 방송

특정 게임의 랭커이거나 프로게이머가 하는 경우가 대다수다. 주로 보편적으로 인기가 많은 리그 오브 레전드, 스타크래프트, 오버워치, 플레이어언노운즈 배틀그라운드(PUBG: Player Unknown's Battlegrounds), 로스트 아크 등이 있다.

이러한 특정 게임 전문방송은 멋진 플레이를 보고 싶거나, 게임을 잘하고 싶은 사람들이 본다. 이들은 프로 수준의 실력을 뽐내기 위해 매드

172

무비(MAD ムービー)를 올리고, 남들이 하지 않는 공략법을 선보인다. 그렇기에 많은 이들이 하는 게임을 선택할 수밖에 없으나 다크소울, 워해머 등 특정 마니아를 위한 채널도 존재한다.

대표 게임 채널로는 오래되지는 않았으나 세계 정상급의 게이머로 이름을 날리고 있는 페이커의 〈T1 FAKER〉, 다크소울 전문 방송 〈보얀〉 등이 있다.

종합 게임 방송

하나의 특정 게임을 전문적으로 한다기보다 다양하게 플레이하고, 리뷰한다. 크게 두 부류로 나누어볼 때 하나는 게임 플레이에 중점을 두는 것으로 여러 상황을 만들어 재미를 추구하는 영상이다. 두 번째는 유튜버가 가진 게임적 식견을 중심으로 게임을 평가하고 리뷰한다. 보통 두 성격을 다 가지지만, 플레이 중심은 스트리밍 방송에 적합하고, 짧은 영상 길이를 특징으로 하는 리뷰 방송은 유튜브 녹화 방송이 적합한 편이다.

대표 종합 게임 방송 채널로는 〈대도서관〉, 〈메탈킴〉, 〈겜프〉 등이 있다.

게임 정보 방송

앞서 이야기한 방송들과는 성격이 다르지만, 크게는 영역이 겹치기도 한다. 보통 게임을 플레이하는 영상보다 관련 정보를 전달하는 데 초점이 맞추어져 있다. 게임 속 정보, 게임 내 스토리, 게임 공략 같은 정보는 특정 게임 전문방송과 겹치며, 게임 리뷰 등은 종합 게임 방송과 겹친다. 그러나 게임 정보 방송의 큰 특징은 게임을 플레이하는 유튜버를 앞세우지 않는다는 점이며, 게임 내 이야기뿐만 아니라 게임 산업 전반에 걸친 이슈 등을 함께 다룬다.

대표적인 게임 정보 방송 채널로는 〈G식백과〉, 〈겜프〉, 〈타코리뷰〉 등이 있다.

게임과 유튜브의 세 가지 키워드

★

게임 산업은 인터넷 미디어와 크게 연관되어 있고, 그만큼 게임 방송 또한 활발히 전개된다. 여기서는 게임 방송과 유튜브의 큰 특징에 대해 이야기하기보다는 게임이 어떻게 유튜브 등의 인터넷 미디어를 활용하여 시대의 흐름에 맞추어 변화하고 있는지에 대해 알아본다.

논의를 좀 더 쉽게 하기 위해 플레이어 언노운 배틀그라운드(이하 배틀그라운드)와 위해머의 두 가지 사례와 베타 스트리밍, 패스트 메이드, 트랜스미디어라는 세 가지 키워드를 가지고 이야기하겠다.

이미 유니클로와 같은 패스트 패션이 큰 유행을 하였으며, 이제는 흔한 소비 방법의 하나로 자리 잡았다. 이는 우리의 소비 패턴이 변화되었음을 보여주는 방증이며 어떤 영향을 주었는지는 유튜브를 통해 알 수 있다. 배틀그라운드의 인기 또한 이러한 패스트 메이드와 관계 있다. 배틀그라운드는 잘 만들어진(Well-made) 게임은 아니다. 지금이야 많은 개선이 이루어졌지만 적어도 출시 당시 완성도가 높은 게임은 아니었다. 하지만 적절한 시점에 트렌드를 타고 빠르게 완성되었고, 그보다 빠르게 얼리액세스(Early Access)로 출시되었다.

우리는 흔히 다른 이들보다 빠르게 신제품을 소비하고 적응하는 사람을 얼리어답터(Early Adopter)라고 부른다. 얼리어답터는 early와 adopter의 합성어다. 미국의 사회학자 에버릿 로저스(Everett Rogers)가 1957년 저서 《디퓨전 오브 이노베이션(Diffusion of Innovation)》에서 처음 사용한 말로, 1995년 이 책의 재판이 나올 무렵 첨단기기 시대를 맞아 현대의 신조어로 부상했다.

원래는 남들보다 빨리 신제품을 사서 써보아야만 직성이 풀리는 소비자군을 의미했으나, 이러한 소비자가 늘어나면서 남들보다 먼저 제품 정보를 접하고, 먼저 구입해 평가를 내린 뒤 주변 사람들에게 특성을 알려주는 성향을 가진 일련의 소비자군을 일컫게 되었다.

게임을 유통하는 플랫폼 스팀에는 이러한 얼리어답터들을 위한 기능이 있다. 바로 얼리액세스다. 문자 그대로 미리 접근할 수 있게 해준다는 것이다. 그리고 블루홀에서 제작한 배틀그라운드는 얼리액세스를 통해 대박을 친 케이스다.

스팀에는 정식 출시가 되지 않은 게임 중에 얼리액세스 표시가 붙은 게 있다. 아직 완성도가 낮으나 얼리어답터 성향을 가진 이용자들은 미완성 제품이더라도 먼저 이용해보길 원하기 때문에 미리 제품을 구매할 수 있도록 한다. 게임은 정보 상품이기에 업데이트를 통해 추후 완성본을 받아볼 수 있다. 이러한 얼리어답터 성향은 기본적으로 새로운 콘텐츠를 먼저 선점하길 바라는 유튜버들에게 잘 드러난다.

베타 스트리밍,
얼리액세스와 유튜브

★

얼리액세스는 정식 출시일을 참지 못하는 게이머들과 자신들의 게임을 테스트하고자 하는 개발사 혹은 자본이 부족한 개발사 모두를 만족시키는 방식이다. 2017년 3월 23일 배틀그라운드는 얼리액세스로 출시되어 16일 만에 100만 장 판매를 돌파했다. 배틀그라운드는 스팀에서 가장 빠르게 팔린 게임이 되었다.

대다수의 얼리액세스 게임은 언제나 게이머들의 뒤통수를 후려치기 마련이지만 대체로 얼리액세스로 유통된 게임이 호평을 얻는다면 정식 출시 이후 꽃길을 걷게 된다. 배틀그라운드 또한 그러한 꽃길을 아주 제대로 걸었다. 이러한 성공에는 패스트 메이드와 함께 인터넷 미디어가 함께했다.

유튜브는 모두가 잘 알듯이 탁월한 광고 수단이다. 그렇기 때문에 많은 기업이 유튜버들에게 협찬을 문의한다. 특히 게임과 같이 장시간의 플레이를 요구하는 콘텐츠들은 더 그렇다. 많은 유튜버가 콘텐츠로 활용하는 게임들이 단순히 숙제(**협찬이나 광고 스폰서를 숙제라고 표현하기도 한다**)를 하기 위해서가 아니라 실제로 재밌고 콘텐츠 만들기에도 유용하냐면 그 효과는 더더욱 배가될 수밖에 없다. 너와 나 모두가 알고 있듯이, 숙제를 할 때와 놀이를 할 때는 차이가 나기 마련이다.

이러한 상황에서 배틀그라운드는 유튜버들이 활용하기 좋은 자원들을 가지고 있었다. 먼저 기본적으로 재밌고, 100명이라는 플레이어들이 한 섬에 맨몸으로 모여 배틀로열을 벌인다는 소재는 다양한 변수와 재미를 보장한다. 거기다 얼리액세스 당시 **(물론 지금도 여전히 남아 있는)** 미완성으로 인해 나타나는 어색한 물리 엔진과 버그들은 보는 이를 웃음 짓게 하는 다양한 상황들을 연출했다.

배틀그라운드는 개발사인 펍지가 초기부터 적극적으로 게임 전문 방

| 사진 2 | 유튜브 채널 〈팬풍기〉의 한 장면, 사람이 뒤가 아닌 벽 속에 숨어 있다

송 플랫폼인 트위치의 스트리머(유튜브에 콘텐츠를 올리는 사람들을 유튜버 혹은 크리에이터라 부른다면 트위치에서는 스트리머라 부른다)들을 적극적으로 활용했다. 펍지는 128명의 스트리머를 대상으로 배틀그라운드 알파 테스트를 공개적으로 진행했다. 아프리카TV의 생방송이 편집되어 유튜버에 올라오듯이 트위치에서 스트리머들이 플레이한 배틀그라운드는 유튜브에 편집되어 올라오게 되었다.

배틀그라운드의 알파 테스트와 스트리머

배틀그라운드 개발이 4개월 정도 진행되었을 때 첫 알파 테스트가 시작됐다. 비공개 프리 알파 테스트로 브랜든 그린(Brendan Greene)의 배틀로열 모드를 좋아해온 유저들을 초청했다. 당시 지원한 테스터는 1,100명으로 많은 수는 아니었다. 그중 600명만이 실제로 참여해 이틀 동안 6시간 테스트했으며, 52판의 게임이 플레이됐다. 몇 달 후 그들은 알파 테스트에 돌입했다. 이번에는 비공개 테스트와 달리 모든 사람에게 영상을 찍거나 방송을 할 수 있도록 했고, 당시 최대 4만 4,000여 명의 시청자 수를 기록했다.

알파 테스트를 공개할지 말지에 대한 논쟁이 있었지만, 결과는 우리가 알다시피 자신들의 성과를 보여주는 쪽으로 났다. 트위치를 통해 배틀그라운드의 알파 테스트는 실시간으로 공개되었고, 사람들은 스트리밍을 보면서 게임에 관심을 가지고 테스트에 참가하려 했다. 테스트에 참가할 수 있는 '테스트 키'를 받은 스트리머들은 방송으로 게임을 플레이하였고, 배틀그라운드 팀은 스트리머들을 통해 실시간 피드백을 얻을 수 있었다.

트위치와 유튜브의 입지를 넓히기 위한 알파2 테스트

알파 테스트 이후 2차 알파 테스트인, 알파2 테스트가 4주 동안 진행되었다. 개발사는 테스터 모집을 위해 유튜브나 트위터에서 이메일을 찾아 리스트를 작성했다. 알파 테스트에 참여했던 테스터와 2차에 추가로 참여하게 된 테스터들은 트위치 방송을 통해 배틀그라운드를 소개했고, 이를 통해 더더욱 많은 테스터가 참여하게 되었다. 개발사는 테스터에 제한을 두지 않고 많은 이들을 참가시켰다.

배현민 기자가 인터뷰한 펍지의 새미 강(**강경은, Sammie Kang**) 커뮤니티 매니저에 따르면 "당시 테스터 모집을 위해 유튜브나 트위터에서 이메일을 찾아 길고 긴 리스트를 작성해 이메일을 보내기 시작했는데 이는 스팸 메일이 되어버리기도 했다"고 말했다. 그리고 게임 키를 나누어주는 봇을 만들고 알파 테스터들에게 키를 분배해 그들이 나누어주거나 프로모션에 이용하도록 했다. 키를 많이 나누어주고 이를 통해 많은 이들이 트위치 및 유튜브에서 방송할수록 배틀그라운드에 대한 관심이 커져갔다.

배틀그라운드는
어떻게 만들어졌는가?

★

배틀로열(**Battle Royale, バトル·ロワイアル**)은 1999년 출간된 일본 작가 다카미 코슈의 소설 제목이기도 하다. 정부의 '프로그램'에 의해 외딴 섬에 갇힌 중학교 3학년생 42명(**남학생 21명, 여학생 21명**)이 최종 승자가 남을 때까지 서로 죽고 죽여야 하는 상황을 묘사한 소설이다. 2000년에 원작 소설을 바탕으로 한 영화와 만화가 출시됐으며 모두 세계적으로 호평을 받아 각자가 살아남기 위해 서로를 죽여야만 하는 상황을 대입한 작품들을 지칭하는 용어처럼 사용되었다.

배틀로열은 생존을 걸고 사투를 벌인다는 점에서 기존에 있던 서바이벌, 데스 게임, 라스트맨 스탠딩, 프리포올 등의 용어와 혼용되었으나 서바이벌 투쟁을 담은 모든 게임을 '배틀로열'이라고 분류하지는 않았다. 배틀로열에서 플레이어의 목적은 생존이지만, 게임 시스템에서는 이 생존을 위해 투쟁하도록 만든다. 이를 위해 한정된 자원과 무기, 공평성을 위한 동시적 게임 참가가 필요하다. 또 플레이어가 계속적으로 투쟁 상황에서 긴장하도록 유도하기 위해, 한정된 지역이 점차 줄어들도록 하여 플레이어들이 마주치는 상황을 유발한다.

배틀로열의 요소가 하나의 게임으로 자리 잡게 된 것은 2013년에 출

| 사진 3 | 채널 〈트루먼〉의 아르마 3 게임 플레이 장면

| 사진 4 | H1Z1: King of the Kill 플레이 장면

시된 '아르마 3'의 유저 모드에서부터였다. 당시 모드 제작자였던 브랜든 그린은 아르마 3에서 통상의 서바이벌 룰에 원형으로 시간에 따라 점차 좁아지는 자기장이라는 금지구역 요소를 도입하고 초반에 낙하산을 타고 시작한다는 점 등 현재의 배틀로열 장르의 기반을 다졌다.

이후 브랜든 그린은 데이브레이크 게임즈에서 제작한 FPS 게임 'H1Z1'에 기술 고문으로 참여한다. H1Z1은 초창기 얼리액세스 단계에서 배틀로열 모드와 일반적인 밀리터리 FPS 방식의 두 가지 게임 모드가 있었다. 그러나 배틀로열 모드가 호응을 얻자 브랜든 그린을 영입한 뒤 배틀로열 모드만을 독립적으로 발전시킨 또 다른 타이틀 'H1Z1: King of the Kill'을 제작했다.

그리고 블루홀 지노게임스의 김창한 PD가 브랜든 그린을 블루홀에 크리에이티브 디렉터로 영입한다. 그때가 바로 배틀그라운드의 개발 프로젝트가 시작된 시기이자, 출시되기 1년 전인 2016년이었다.

패스트 메이드,
레디 메이드를 모아 새로움을 창조

★

펍지의 개발 방식은 장인정신을 발휘해 한 땀 한 땀 만드는 것이 아니었다. 기존 시장에 나와 있는 것들을 적극적으로 활용하고, 조합하는 방식이다. 배틀로열 장르의 선구자인 브랜든 그린을 영입한 것이 시작이었다.

배틀그라운드의 배경이 현대전으로 설정된 것도 이러한 개발 기조 때문이었다. 우리가 사는 현대를 배경으로 한 만큼 개발 소스와 정보를 비교적 쉽게 얻을 수 있다. 예를 들어 주무기인 현대의 총기류는 과거의 총기나 무기보다 정보를 구하기 쉬웠고 이미 개발된 디자인이나 소스 코드 또한 많은 편이었다.

최근에 글로벌 네트워크 시장이 활발해지고, 소규모 제작사 및 모바일 시장이 확대되면서 '에셋 스토어'들이 탄생하게 되었다. 깃허브(Github)와 유니티(unity) 등으로 대표되는 에셋 스토어에서는 배경 그래픽, 배경음악, 캐릭터 등 다양한 소스 코드와 디자인을 판매하는데 현대전이야말로 에셋 스토어를 적극 활용해 빠른 개발에 최적이었던 것이다.

검증된 엔진으로 리스크를 줄여라

게임 엔진(game engine)은 게임을 개발하기 위해 디자인된 소프트웨어를 의미한다. 3D 그래픽을 렌더링(rendering)하는 엔진, 물체들 간의 충돌과 물리적 환경을 구현하는 물리 엔진, 캐릭터 인공지능(Artificial Intelligence)의 제작, 빛과 조명의 조절, 카메라 효과, 맵 에디터, 프로그래밍 언어를 쉽게 편집해주는 스크립트 에디터 등이 포함되어 있어 게임을 개발할 때마다 새롭게 만들지 않고 게임 엔진 내부에 존재하는 라이브러리와 기능들을 현재 개발하는 게임에 맞게 조금씩 수정하여 사용할 수 있게 한다. 게임 엔진이 없었거나 보편화되기 이전에는 새로운 게임을 만들 때마다 모두 수작업으로 새롭게 하거나 그 게임에 맞는 엔진을 개발해야만 했다. 그것은 게임 제작을 전문화시키는 원인 중 하나로 게임 제작에 많은 시간과 자본을 소모하게 하였다. 게임 엔진은 게임이라는 소프트웨어, 즉 정보 상품을 생산하기 위한 생산 수단이라고 볼 수 있다.

"언리얼 엔진의 경우 이 엔진을 바탕으로 게임을 개발한 회사가 분기당 3,000달러 이상의 매출을 올릴 경우 그 매출의 5%를 로열티로 지불해야 한다."

하지만 이러한 로열티를 지불하더라도, 새로운 게임 엔진을 만드는 데 들어가는 시간과 자본, 게임 엔진 개발에 드는 리스크 등을 고려한다면 오히려 값싼 편이었다.

내 집 마련보다 부담 없는 월세로

여기서 말하는 집이란 서버를 의미한다. 게임에서 서버는 집과 같은 역할을 한다. 정확히 말하면 온라인 게임에서 서버란 '상가'다. 즉 온라인 게임을 만들고 사람들이 그곳에 접속하여 게임을 하기 위해서는 서버가 꼭 필요하다는 것이다. 마치 우리가 식당에 가서 음식을 먹기 위해서는 '식당'이란 장소가 필요하듯 말이다. 실제로 식당이 그 주인의 것일 수도 있고, 건물주에게 월세를 내는 세입자일 수 있듯이 서버 또한 게임사에 따라 자체 서버일 수도, 아니면 빌려 사용할 수도 있다.

그런데 서버를 빌려 쓸 수 있게 된 것은 오래 된 일이 아니다. 식당을 열기 위해 세를 드는 것과 달리 온라인 시장에서 세를 내고 가게(**서버**)를 빌리는 일은 최근에 들어서야 가능해졌다. 이유는 단순하게 기술적 문제이자, 서버를 빌려주는 중개 서비스를 하는 기업이 없었기 때문이다. 그러나 최근 클라우드 기술의 개념이 정립되고, 데이터센터가 세계 곳곳에 들어서면서 서버를 빌려 쓰는 일이 비일비재해졌다. 다시 말해 교통망이 닦이고, 그에 따라 빌딩들이 들어서서 많은 이들이 빌딩에 세를 들어 살기 시작했다는 것이다. 이러한 빌딩(서버)을 제공하는 대표적인 기업이 바로 아마존과 구글이며, 한국에서는 네이버다.

　가장 유명한 곳은 아마존의 AWS이다. 아마존 웹 서비스(amazon web services)의 약자로 클라우드 서비스를 통해 일정 부분의 서버를 할당해준다. 정리하자면 자체 서버 구축이 단독주택을 구입하는 거라면 AWS는 후불제 월세 아파트인 셈이다.

　자체 서버 구축과 AWS의 장단점은 극명하게 나뉜다. 먼저 AWS의 장점을 이야기해보면 초기 투자비용의 절감과 수요 예측이 쉽다는 점이다. 자체 서버 구축은 실제 기업이 소유한 공간에 서버를 구매하여 설비를 구축해야 한다. 그러나 AWS는 그저 제공하는 서비스를 구매하여 클라우드 서버에 접속하면 되기에 초기 서버 구매 비용 문제를 해결할 수 있다. 그렇기 때문에 수요 예측에도 용이하다. 출시 이전까지 성공할지 실패할지 알 수 없는 상황에서 상황에 맞춰 서비스를 더 구매하거나 해지할 수 있는 유동적인 성격은 수요 예측 실패의 리스크를 감소시켜준다.

　그러나 AWS가 무조건적으로 장점만 있는 것은 아니다. 먼저, 월세와 같이 계속적으로 AWS에 요금을 내야 한다. 이러한 요금은 서버를 자체 구축하여 유지하는 비용보다 클 수밖에 없다. 그리고 아직 클라우드 서버가 자체 구축된 물리 서버보다 반응성이 떨어진다. 굳이 비유를 들자면, 물리 서버가 유선마우스이고 클라우드는 무선마우스인 것이다. 무선이 좋아

봤자 유선의 연결 상태를 못 따라간다.

그렇지만 AWS 반응성 문제를 그리 심각하게 받아들이거나 해결할 수 없다고 생각할 필요는 없다. 알다시피 무선마우스가 반응이 느려 못 쓰거나 하지 않는 것과 같다고 할까? 비용을 올리고 좋은 서비스를 제공 받는다면 반응성의 문제는 해결할 수 있다.

글로벌 시장에서 테스트하고 큰물에서 인정받다

배틀그라운드는 유통 또한 자체적으로 하지 않았다. 정확히 말하면 글로벌 게임 플랫폼인 스팀을 이용했다. 마치 모바일 게임을 만들어 구글 마켓이나 애플 앱스토어에 업로드하듯이 말이다.

간단히 말해 온라인 게임마켓이라고 생각하면 되는 스팀은 1인칭 슈팅(FPS) 게임 '하프 라이프' 시리즈를 개발한 것으로 잘 알려진 미국 게임 개발업체 밸브가 서비스 중인 온라인 유통 플랫폼이다. 2002년부터 시작해 현재 전 세계 237개국 24개 언어로 제공되고 약 1억 2,500만 명이 넘는 이용자를 보유하고 있다. 등록된 게임 수가 7,400여 개가 넘는데 온라인 게임 유통 시장의 70% 정도에 이르는 규모다.

글로벌 네트워크에 접속할 수 있는 이용자는 스팀 플랫폼의 게임 중 마음에 드는 것을 고르고 구매하면 해당 게임을 다운로드 받을 수 있다. 언제 어디서든 스팀 계정 정보만 있으면 해당 게임을 즐길 권한을 구매한 셈이다. 스팀 내에는 무료 배포 게임에서부터 아직 개발이 끝나지 않은 얼리액세스판, 데모판을 비롯해 정식 버전까지 다양한 서비스가 있다.

배틀그라운드는 한국 자체 퍼블리셔와 계약을 맺고 출시하는 방식이 아닌, 앞서 이야기한 스팀의 얼리액세스를 통해 반응을 살피고 글로벌 시장에 바로 공개했다. 스팀을 통해 전 세계 다양한 이용자들에게 손쉽게 게임을 홍보하고 판매할 수 있는 유통망을 확보한 것이다. 스팀의 글로벌 유통망은 글로벌 영상 플랫폼인 유튜브와 맞물려 폭발적 성공을 만들었다.

자체 제작이 아닌 조립으로, 레버리지의 활용

초기 배틀그라운드의 개발 인력은 30명 남짓이었는데, 모바일 게임 위주의 한국에서는 당장 전문 인력이 필요한 곳에 마땅한 사람을 쉬이 구할 수 없다는 점이 큰 난관이었다. 또한 1년이라는 짧은 개발 기간도 신경 써야 할 점이었다. 만약 잡다한 문제로 프로젝트가 늘어져서 2년, 3년 끌고 간다면 변화무쌍한 게임 시장의 특성상 유행이 뒤바뀌었을지도 모르는 상황이라 게으름을 부릴 수도 없었다. 그래서 배틀그라운드의 게임 개발의 핵심은 레버리지(Leverage)가 되었다.

레버리지는 '지렛대'를 의미하는 단어인 레버(lever)로부터 파생된 단어로 지레의 힘이나 작용, 더 나아가 목성 달성을 위한 수단이나 힘, 영향력 등의 의미로 사용된다. 경제 분야에서도 차입금을 이용한 기업 매수 따위의 소액 착수금 투자로 고수익을 노리는 것으로 사용한다. 다시 말해 레버리지는 주로 빚을 이용한 투자 개념이다.

왜 이러한 투자에 '지렛대'라는 이름이 붙었을까? 그것은 차입금이나 사채 등 고정적으로 나가는 지출과 기계, 설비 등의 비용이 기업 경영에서 지렛대처럼 중심 작용을 하기 때문이다.

그런데 레버리지가 최근 의미를 확장하여 사용되고 있다. 단순히 타인의 돈을 빌려오는 것을 넘어, 이제 '나와 내 것이 아닌 다른 누구, 다른 무언가가 지렛대 역할을 한다'는, 폭넓게 아웃소싱(Outsourcing)으로 쓰인다. 한마디로 '외주'다. 블루홀에서는 배틀로열 게임의 핵심인 공평함과 단순함 그리고 언제나 새로운 느낌으로 플레이할 수 있도록 만드는 것에 기본 원칙을 두고, 게임 개발에 필요한 대다수를 레버리지를 통해 해결함으로써 시간을 샀다. 우선 자체 게임 엔진을 사용하는 것이 아닌 범용성 좋고 우수한 성능의 언리얼 엔진 4를 채택하여 엔진 개발에 들어갈 시간을 단축하고 배틀그라운드의 게임성을 구현할 토대를 다졌다.

게임 엔진의 문제가 해결된 이후, 이 토대 위에서 가장 먼저 개발한 것은 게임의 배경이 될 맵이었다. 이 또한 위성사진을 바탕으로 수작업을 통해 기본적인 지형을 제작하고 나머지는 자동 공정으로 채워넣었다. 총기나 자동차 같은 오브젝트 제작도 오랜 시간을 잡아먹는다. 이를 단축하기 위해 개발 소스를 외부에서 사들이거나 외주를 주었다. 게임에 등장한

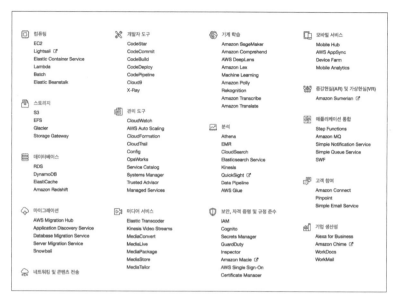

현실적인 총기 17종은 전부 언리얼 마켓에서 개발용 데이터로 판매 중인 에셋을 샀고, 자동차 역시 외주를 통해 만들었다. 또한 서버는 아마존 웹서비스를 통했으며, 유통은 글로벌 플랫폼인 스팀에 맡겼다.

개발 초기인 만큼 버그 같은 기술적인 문제들이 산적해 있었다. 자연히 이런 문제를 해결할 기술을 갖춘 사람이 필요했는데, 마침 관련 기술을 습작으로 만들어 유튜브에 올리던 외국 개발자 마렉을 영입하여 해결했다.

덕분에 무려 4개월이라는 짧은 기간에 게임의 특징과 재미를 파악할 수 있는 알파 버전 '배틀그라운드'가 완성되었고, 128명의 트위치 스트리머를 대상으로 공개 테스트를 진행하게 되었다. 이를 통해 배틀로열이 단순히 하나의 게임 모드에 불과한 것이 아닌 독립적인 게임이 될 수 있음을 입증했다. 마치 워크래프트의 유즈맵 중 하나였던 도타가 롤을 통해 확고한 MOBA 장르로 거듭나고 아시안게임 정식 종목으로 채택될 만큼의 위상을 가지게 된 것처럼 말이다.

유행할 때 빠르게 만들어 니즈를 충족시킨다

배틀그라운드의 성공 요인은 다양하나 그중 하나를 굳이 뽑자면 개발 시간의 단축이었다. 콘텐츠 개발은 적절한 시기에 누구보다 빠르게 출시하는 것이 중요하다. 콘텐츠는 끊임없이 소비되었고, 유행은 끊임없이 변화했다. 유튜브는 이러한 빠른 변화를 더욱 가속화시켰다.

유튜버를 비롯하여 인터넷 게임 방송 채널들은 빠르게 게임을 소비할 수밖에 없다. 특히 종합 게임 채널일수록 더더욱 그렇다. 끊임없이 게임을 쏟아져 나왔고, 콘텐츠를 소비하는 이용자들의 욕구는 다변화했다. 거기다 하나의 게임이 유행을 타며 유튜버들은 너도나도 몰려와서 비슷한 게임 콘텐츠를 제작했다. 하나의 게임만 전문적으로 하는 채널은 상황이 조금 달랐으나 종합 게임 채널에서는 트렌디한 게임을 선점하는 것이 무엇보다 중요했다.

2016년 배틀그라운드 개발 프로젝트가 시작될 당시, H1Z1은 유튜버들 사이에서 좋은 콘텐츠 소재였다. 배틀로열 장르의 특성상 다양한 인종과 민족을 만날 수 있었고 여러 상황을 연출할 수 있었다. 그러나 H1Z1은 하나의 게임 모드에서 시작한 만큼 태생적 한계를 가졌고, 배틀로열 모드의 흥행과 달리 H1Z1 오리지널 모드는 흥행 저조로 크게 알려지지 못하였다. H1Z1 게임을 즐기는 유저, 재밌는 콘텐츠를 원하는 유튜버 모두 좀 더 깊이 있고, 대중적이며 완성된 게임의 필요성을 느꼈다. 배틀그라운드는 이러한 니즈를 누구보다 빠르게 충족시켜주었다.

워해머는
하나의 게임이 아니다

★

워해머는 본래 영국의 유명 게임 퍼블리셔인 게임즈 워크숍에서 발매한 미니어처 게임이다. 크게 판타지 세계관을 다룬 워해머 판타지와 SF 장르인 워해머 40K가 있다. 워해머 40K는 워해머 판타지의 세계관을 바탕으로 서기 4만 년대를 다루는 SF 게임이다. 미니어처 게임은 병사 및 병기의 작은 모형을 놓고 벌이는 전쟁 시뮬레이션 게임이다. 현대의 컴퓨터 전략 시뮬레이션 게임의 원시적인 형태로 그들의 시조쯤 된다.

워해머 40K 초기에는 형님 격인 '워해머 판타지' 세계관과의 연계를 의도했으나(현재 판타지에만 존재하는 종족들이 상당히 많이 남아 있었고, 4대 악신의 명칭과 속성까지 같았다) 점차 두 세계의 연계성을 포기하면서 완전히 독자적인 세계관이 되었다.

1983년부터 시작되어 2018년 기준으로 35주년을 맞이했으며, 외국에서는 어릴 때부터 즐긴 플레이어가 많아 그들이 성장한 이후 각종 게임에서 디자이너와 일러스트레이터로 활약하게 되면서 영감을 제공한 원천이 되었다. 이러한 영향력 중 대표적인 것이 우리에게 친숙한 워크래프트다.

워크래프트의 오크는 곰팡이에서 가져왔다

블리자드 사에서 만들어진 워크래프트란 게임을 아는가? 아마 게임

| 사진 5 | 쉴트 블로그 https://m.blog.naver.com/shreneo

을 좋아하는 사람이라면 안 해봤더라도 무엇인지는 알 것이다. 게임을 좋아하지 않거나 모르는 사람이라도 이야기는 들어보았거나 2016년에 개봉한 영화 〈워크래프트: 전쟁의 서막〉을 통해 알아보기도 했을 것이다. 워크래프트는 기본적으로 인간과 오크의 이야기를 시작으로 확장하여 호드(오크, 타우렌, 트롤 등의 연합)와 얼라이언스(인간, 드워프, 노움, 하이엘프) 사이의 대립과 갈등 그리고 차원적 문제를 해결하는 것을 골자로 한다.

워크래프트에 관한 자세한 이야기는 다음에 하고, 갑자기 워해머 이야기를 하면서 왜 워크래프트를 언급하냐고 물어본다면, 워크래프트가 워해머의 영향을 많이 받았기 때문이다. 또 블리자드를 사랑하는 한국에서 워크래프트는 잘 알려진 게임이자 IP(Intellectual Property rights)이지만 그보다 오랜 역사를 가진 워해머는 잘 알려지지 않았기 때문이다.

단적인 예로 워크래프트의 주요 종족인 오크의 외형과 설정들은 워해머에서 많이 비롯되었다. 오크의 원전은 톨킨(J. R. R. Tolkien)의 세계관에서 시작됐지만 우리가 지금 아는 오크의 이미지인 녹색 피부, 인간에 비해 강력한 신체 능력, 전쟁 그 자체를 광적으로 즐기는 맛이 간 집단 이미지는 워해머에서 구축되었다.

지금에서야 워크래프트의 오크가 다양한 색이지만 워크래프트 1의 녹색 오크는 워해머의 오크를 차용했다. 실제로 워크래프트 개발 당시 앨런 애드햄(Allen Adham)은 브랜드 인지도를 통한 판매량 촉진을 위해 워해머 판타지의 판권 구입을 고려하기도 했다고 한다.

워해머의 오크는 재미있는 콘셉트를 가지고 있는데, 바로 '녹색 곰팡이' 설정이다. 워해머의 오크들은 포자를 뿌리는 무성생식을 통해 태어나며, 그렇기 때문에 이 녹색 곰팡이들은 무서운 번식과 성장 속도를 가지고 전 세계와 전 우주를 돌아다니며 민폐를 끼치는 종족이다. 이들은 오크어로 선생을 늦추고 특유의 에너지인 'WAAAGH'를 외치며 전쟁이 있는 곳이면 어디든 끼어들어 분탕질을 친다. 이 워해머의 오크는 워크래프트 세계관으로 넘어가 힘과 명예를 중시하며 유성생식하는 외계종족 오크가 된다.

워해머의 높은 진입장벽

사랑스런 녹색 친구 오크의 이야기에서 돌아와서 워해머에 대해 좀 더 알아보자. 워해머는 앞서 이야기한 것처럼 '미니어처 게임'으로 만들어졌다. 그런데 문제는 미니어처 게임이 가지는 높은 진입장벽이다. 먼저 엄청난 돈이 깨진다. 일단 가장 작은 미니어처 아미를 짜는 데만도 30~40만 원 선의 비용이 지출된다. 비싼 미니어처 같은 경우 개당 6만 원 정도다. 거기다가 게임을 위한 미니어처는 조립과 도색을 필요로 하고, 룰북과 테이블 혹은 지정된 크기의 보드에 전용 지형 모델 등이 필요하다.

이러한 이유로 우리나라에서 워해머가 흥행하지 못했을 것이다. 나

| 사진 5 | 사진 속 미니어처 군대를 만드는 데 들인 비용과 노력은 가늠할 수조차 없다

조차 워해머에 관심을 가지고 있지만 도저히 미니어처 게임에 입문하는 것은 엄두가 나지 않는다. 나중에 기회가 되면 미니어처 하나 사서 장식장에 진열하는 것으로 만족하려는 마음뿐이다.

트랜스미디어가 된
워해머

★

워해머는 35년이나 된 만큼 그 세계관의 깊이와 특유의 희망도 절망도 없는 치유물(치명적 유해물)로서 매력을 뽐내고 있다. 세계적으로 골수팬이 많지만, 높은 진입장벽 때문에 뉴비의 유입은 적은 편이다. 속칭 고이다 못해 썩은 물이다. 그래서 워해머는 좀 더 진입장벽이 낮은 미디어 환경으로 분화한다. 마치 마블 코믹스의 방대한 세계관과 콘텐츠가 마블 시네마틱 유니버스를 통해 큰 흥행을 했듯이 말이다. 워해머는 처음에는 미니어처 게임에 국한되었지만 방대한 세계관을 가지고 트랜스미디어가 되었다.

트랜스미디어(transmedia)는 '넘어서, 횡단해, 꿰뚫어, 지나서, 완전히, 다른 쪽으로, 초월해, ~의 저편의'라는 뜻을 가진 트랜스(trans)와 미디어(media)가 붙은 합성어로, '미디어를 넘어선, 초월한, 횡단하는, 가로지르는 미디어'를 뜻한다. 즉 콘텐츠가 다른 미디어로 전이되고, 넘나들며 가로지르는 것을 의미한다. 하지만 단순히 하나의 콘텐츠가 다른 미디어 환경으로 옮겨감을 의미하지는 않는다. 그보다는 캐이시 허드슨(Casey Hudson)이 2010년 말했듯이 "모든 이야기를 하나의 거대한 이야기로 묶는 것"이 중요하다.

〈표 2〉에서 볼 수 있듯이 전통적인 미디어(The Old World)가 각각의 플랫폼에서 개별적이고 독립적인 콘텐츠로만 존재하다면 트랜스미디어(The New World)는 각각의 플랫폼에서 개별적인 콘텐츠로서도 그 역할을 하나 동시의 모여 또 하나의 거대한 콘텐츠를 이룬다. 즉 과거에는 영화면 영화, 애니메이션이면 애니메이션마다 스스로 완결된 구조를 가지기에 다

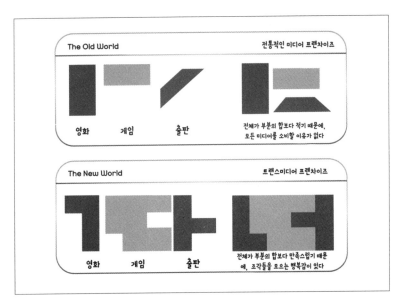

| 표 2 | 젠 필름에서 이야기한 전통적 미디어와 트랜스미디어

른 문화콘텐츠(다른 미디어)와 연계성이 없었다. 그러나 오늘날의 문화콘텐츠는 다른 미디어와의 깊은 연계성을 가지고 확장된다.

김희경은 트랜스미디어 콘텐츠를 네 가지 특징으로 설명할 수 있다고 한다. ①확장성 ②참여와 공유 ③탈중심성과 열린 구조 ④세계 구축이다. 먼저 확장성이란 미디어의 확장을 의미하는 외연의 확장과 스토리의 확장을 의미하는 내연의 확장으로 나눌 수 있는데, 외연의 확장이란 다른 미디어로의 전이와 확장을 의미하며, 내연의 확장은 OSMU(One Source Multi Use)와 달리 다른 미디어로 이동을 하면서 원천 자료와 동일한 스토리가 아닌 확장이 일어남을 뜻한다.

두 번째 특징인 참여와 공유는 수용자가 이야기를 함께 만들어가고 공유하는 방식을 일컫는데 이것은 디지털 미디어 환경에서 극히 자연스러운 현상이다.

세 번째로 탈중심성과 열린 구조라는 특징은 확장성과 깊은 관련이 있는데, "트랜스미디어 콘텐츠에서는 다양한 진입 접점을 통해 이야기가 확대되고 있어 어떤 미디어를 통하더라도 서로 다른 이야기를 접할 수 있어 중심 미디어나 콘텐츠가 중요하지 않다"는 점이다.

네 번째 특징인 세계 구축은 미디어를 넘나드는 콘텐츠를 하나로 묶기 위한 것으로, 각각의 개별적인 미디어를 긴밀하게 연관지어주는 세계의 구축을 의미한다. 즉 "의미적인 측면에서 세계 구축은 개별 콘텐츠의 내용을 포괄하는 더 큰 콘텐츠"를 말한다.

이러한 점에서 워해머는 트랜스미디어로 진화하기에 적합한 콘텐츠다. 워해머 판타지, 워해머 40K 모두 세계관이 탄탄하고 수많은 팬덤으로 인해 만들어진 2차 창작물들이기 때문이다. 거기다 게임즈 워크숍에서 룰북을 개정할 때마다 세계관이 리부트 및 재정립됨으로써 통일된 세계관을 구축하고 있다.

이로 인해 워해머 시리즈는 수많은 미디어를 넘나들며 확장된다. PC 게임(**RTS, FPS, RPG**)은 물론 출판, 영화, 보드 게임 등 50여 가지의 콘텐츠

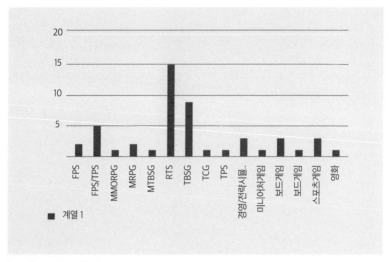

| 표 3 | 워해머 콘텐츠 장르 분포도

가 제작된 것이다.

트랜스미디어 시대 속 우리

오늘날은 트랜스미디어 시대라고 할 수 있다. 콘텐츠가 실제 트랜스미디어에 속하느냐, OSMU에 불과하느냐부터 여러 말들이 오가지만, 적어도 우리의 삶과 문화콘텐츠가 미디어를 넘나들고 있다는 점에서 우리는 트랜스미디어의 시대에 살고 있다.

마블 시네마틱 유니버스(MCU)가 계속해서 인기를 끌고 있는 것처럼 트랜스미디어 콘텐츠는 흥행을 위한 수단이다. 사람들은 방대한 세계관 속에서 콘텐츠를 소비하며 유영한다. 마치 플라톤(Plato)의 이데아론을 믿는 순간 모든 세상의 현상을 설명하고 이해할 수 있는 것처럼, 그 세계관에 빠져드는 순간 사람들은 그 세계관의 방식으로 해석할 수 있게 된다. 사람들은 거대한 세계관에 놀입한다. 그것이 트랜스미디어의 힘이다. 거기다 각각의 분화된 스토리텔링과 다양한 방식으로의 장르적 분화는 콘텐츠의 진입장벽을 낮추고 사람들이 서서히 세계관에 몰입하도록 돕는다. 이러한 트랜스미디어의 힘은 새로운 파생상품과 흥행을 추동한다. 제대로 안착할 수 있다면 거대한 세계관에서 비롯한 스토리텔링을 무기로 거대 문화 플랫폼이 완성되는 것이다.

재미난 점은 이 트랜스미디어의 힘이 이제 단순히 문화콘텐츠의 영역에 국한되지 않는다는 것이다.

다양한 상품과 기업뿐 아니라 사회적 운동이나 정치까지 이제 트랜스미디어가 가지는 힘을 이용하고 있다. 세계관을 형성하고, 사람들이 유영할 수 있는 공간을 만들며, 참여하도록 한다. 그리고 파생 상품과 스토리텔링이 자발적으로 생산되도록 한다. 이러한 생산물들이 자신들의 세계에서 유통되도록 하고 거대 플랫폼을 독점한다. 사람들은 그 플랫폼에 상주하며 미디어를 넘나들게 되며 점차 그 세계에 몰입하는 것이다. 이것이 트랜스미디어의 힘이다. 개인적으론 어떤 것이든 간에 몰입은 하되 매몰되지 않았으면 하는 바람이다.

잘 키운 IP 하나
열 게임 부럽지 않다

★

베타 스트리밍, 패스트 메이드, 트랜스미디어, 이 세 가지 키워드는 현재 게임 산업에서 중요한 화두임에 분명하다. 트렌드에 맞도록 빠르게 만들고 이를 위해 레버리지를 적극 활용한다. 이는 단순히 게임 시장의 트렌드 뿐만이 아니라 게임 방송의 트렌드이기도 하다.

다시 말해 이제 게임 회사는 게임 방송이 어떠한 양상으로 가고 있고, 스트리머들이 원하는 콘텐츠를 만드는 데 적합한 게임이 무엇인지 분석한다. 그리고 이러한 니즈에 맞추어 게임을 제작하고, 스트리머들은 이러한 게임을 플레이하여 홍보에 기여한다. 모든 게임이 배틀그라운드처럼 빠르게 만들기 위해 노력하는 것은 아니다. 하지만 중요한 점은 게임 개발에서는 레버리지를 적극적으로 활용하여 리스크와 개발 시간을 줄인다는 점이다.

이것은 사실 선택과 집중이라는 효율성 추구일 뿐이다. 이러한 효율성은 베타 스트리밍을 적극 활용하는 이유이기도 하다. 게이머들은 대다수 TV보다 인터넷 방송에 친숙하고, 글로벌 네트워크에 접속된 유튜브는 전 세계적으로 영향력을 미친다. 이 상황에서 과거의 TV 광고를 통해 홍보하는 것은 비효율적이다. 단적인 예로 CBT(**Close Beta Test**)를 인터넷 스트리밍하면서 대박을 친 로스트 아크만 보아도 그렇다. 로스트 아크는 TV 등에 별다른 홍보를 하지 않았지만 전 세계적으로 인기 있는 게임, 유망한 게임으로 알려졌다. 그저 한국 스트리머들이 로스트 아크를 베타 테스트 기간 동안 플레이했을 뿐인데 말이다. 심지어 로스트 아크는 한국에서만 서비스하지만 한국어를 배우고 VPN 경유를 통해 해외 스트리머들이 플레이함으로써 세계적으로 알려지고 있다.

이들 게임이 궁극적으로 지향하는 바는 트랜스미디어로의 발전일 것이다. 잘 키운 IP 하나 열 게임 부럽지 않다. 그것은 워해머, 블리자드의 워크래프트, 마블의 만화와 영화를 보면 쉽게 짐작할 수 있다. 이제 문화콘텐츠 산업에서 기업이 경쟁력을 가지기 위해서는 인기 있는 IP를 가지고 있어야 한다. 그러한 IP를 통해서 영화, 방송, 출판 등 다양한 콘텐츠 산업으로 트랜스미디어시키고, OSMU 전략을 세울 수 있기 때문이다. 그렇기 때문에 게임 산업에서는 외주를 통해 다양한 시도를 함과 동시에 전략적으로 기업을 성장시킬 IP를 만들기 위해 노력한다.

일상을 공유하는
V로그

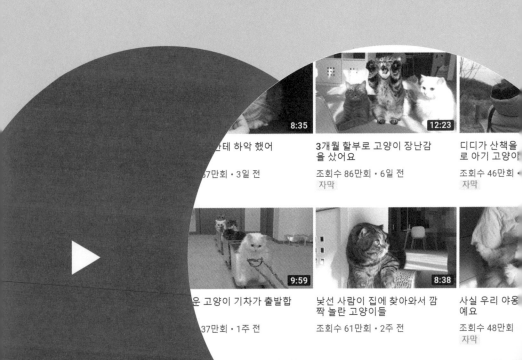

8:35

산테 하악 했어

37만회 · 3일 전

**3개월 할부로 고양이 장난감
을 샀어요**

조회수 86만회 · 6일 전
자막

12:23

디디가 산책을
로 아기 고양이

조회수 46만회
자막

9:59

운 고양이 기차가 출발합

37만회 · 1주 전

**낯선 사람이 집에 찾아와서 깜
짝 놀란 고양이들**

조회수 61만회 · 2주 전

8:38

사실 우리 야옹
예요

조회수 48만회
자막

4:47

까마 보면 난리 나는 저 살뜬

11:41

V로그(V-log)는 '비디오로 만드는 일기'다. 비디오와 블로그의 합성어로 영어 발음은 블로그 그대로이나 한국어로는 B와 V의 차이를 나타내지 못하기 때문에 보통은 'V로그'라고 읽는다. 줄이지 않은 말인 비디오 블로그(Video Blog), 비디오 로그(Video Log)라고도 하지만, 대체로 V로그로 불린다.

V로그의 시작점을 찾는다면, 1980년대 개인용 비디오 촬영기의 등장부터 거슬러 올라갈 수 있다. 1993년 영국 BBC 방송에서는 〈비디오 네이션(Video Nation)〉이란 프로그램을 제작했는데, 시청자들이 일상을 찍은 영상물을 받아 방송하는 것이었다. 이러한 형태로 가장 유명한 것은 미국 ABC 방송의 〈아메리카 퍼니스트 홈비디오(America's Funniest Home Videos, AFHV, AFV)〉다. 1989년 11월 26일 스페셜 프로그램으로 방송된 이후, 1990년 1월 14일부터 정규 편성되어 현재까지 계속되고 있다. 시청자가 직접 찍은 웃긴 홈비디오를 연달아 보여주는 형식이다. 본래는 TBS의 〈가토짱 겐짱 고키겐 TV〉의 포맷을 구매해 미국판으로 각색한 것으로, 한국에서는 KBS 2 〈쇼! 파워 비디오〉의 한 코너인 '요절복통 해외 비디오'에서 내레이션 더빙으로 소개했다. 〈비디오 네이션〉과 다른 점은 일상의 기록이 아니라 웃긴 영상에 초점을 맞추고 있다는 점이다.

그런 이유로 V로그의 시초를 〈가토짱 겐짱 고키겐 TV〉, 〈아메리카 퍼니스트 홈비디오〉가 아닌 BBC의 〈비디오 네이션〉으로 뽑는다.

개인용 비디오 촬영을 V로그의 초기 형태로 보았을 때 왜 흔히 사용했던 홈비디오, 비디오 아카이브가 아니라 V로그란 단어를 사용했는지 의문을 가질 수 있다. 캠코더의 등장과 함께 붐을 이뤘던 홈비디오, 2000년대 초·중반 핫했던 UCC(User Crerated Contents), 그 외 다양한 유튜브 영상 콘텐츠들과 V로그의 차이점은 무엇인가?

블로그는 웹(web) 로그(log)의 줄임말로, 1997년 11월에 존 바거(John Barger)가 처음 사용한 것으로 알려져 있다. 인터넷을 의미하는 '웹(web)'과 항해일지를 뜻하는 '로그(log)'가 합쳐진 이유는 블로그에 새로 올리는 글이 맨 위로 올라가는 일지(日誌) 형식으로 되어 있기 때문이다. 블로그는 일반인이 관심사에 따라 일기·칼럼·기사 등을 자유롭게 올릴 수 있을 뿐 아니라 개인출판·개인방송·커뮤니티까지 다양한 형태를 취하는 일종의 1인 미디어다.

한국에서는 2000년대부터 인터넷의 확산과 대중화로 웹상에서 텍스트와 사진 위주의 블로그가 유행했다. 당시에도 동영상 콘텐츠가 간간이 있었지만 주 콘텐츠는 아니었고 어디까지나 부차적이었다. 이때에도 유튜브, 아프리카TV 등에 일상생활을 담는 V로그가 선보이고 있었다. 그러나 본격적으로 V로그가 인터넷에 등장한 것은 2000년대 후반 인터넷 속도가 빨라지고 PC의 용량이 늘어나면서부터다. 특히 2005년에 급속한 발전을 이루었다.

정리하자면, V로그란 블로그의 콘텐츠들이 영상화되었다는 점, 블로그의 일지 형식을 V로그가 계승 받았다는 점, 일반인이 관심사와 일기·일상을 주요 콘텐츠 소재로 삼는다는 점이 특징이다.

당신을 방송하세요
V로그

★

V로그를 제작하는 이들을 'V로거(Vlogger)'라 하는데, 이들은 유튜브의 '당신을 방송하세요(BroadcastYourself)'라는 슬로건 취지에 알맞게 영상으로 일상을 기록하고 유튜브 플랫폼을 통해 이를 타인과 공유하며 소통한다. 그래서 다른 유튜브 장르와는 구별되는 특징을 지니는데, 바로 화려한 편집기술과 영상미가 아닌 '사실성'과 '진실성', '소통'에 기반을 둔다는 점이다.

할리와 피츠패트릭(Harley & Fitzpatrick)은 매체 풍부성과 사회적 실재감이라는 관점에서 보았을 때 V로그는 화상회의와 비슷하지만, 실시간성(real-time)보다는 동시성(asynchronous)이 부각되는 장르라고 했다. 이를 바탕으로 V로거와 이용자는 보다 확장된 기간 동안 텍스트와 영상 모두를 사용하여 상호작용 및 커뮤니케이션을 할 수 있다. 스트레인지러브

〈Strangelove〉는 V로그가 시청자를 대상으로 직접적으로 이야기하는 형식을 갖추며, 즉각적인 피드백을 주고받는 특징을 지닌 콘텐츠라는 점에서 매우 높은 상호작용성을 지닌 장르라고 했다. 하지만 통상적으로 V로그라 하면 블로그에 일기를 쓰듯이 자신의 일상을 영상으로 제작해 유튜브에 업로드하고 공유하며 이를 통해 타인과 소통하는 것을 의미하며, 블로그 내용들이 다양하듯이 V로그의 내용도 다양하다.

일기란 결국 자신의 경험, 체험을 기록하는 것이고, V로그 또한 개인의 경험을 영상으로 기록하는 것이다. 그렇기 때문에 개인의 경험은 다양할 수밖에 없다. 먹은 것, 체험한 것, 산 것, 일상에서 벗어나 여행을 떠나는 것부터 매일의 자고 일어나는 일상 체험 모두를 V로그의 형식으로 담을 수 있다.

V로그는 시청자와 친밀한 관계 형성을 하게 하는데 그 이유는 정제되지 않은 '평범한 일상'이라는 콘텐츠가 지닌 '진솔함' 혹은 '진실성' 같은 요소, 이를 바탕으로 즉각적이고 활발하게 이루어지는 '소통' 때문이라고 할 수 있다. 특히 유튜브의 일상 V로그의 경우, 현재 예능 프로그램에서 전성기를 구가하고 있는 '관찰 예능'과 비슷한 면모를 보인다. MBC 〈나 혼자 산다〉, SBS 〈미운 우리 새끼〉와 같이 연예인의 일상을 들여다보고 관찰하는 예능부터 TvN의 〈효리네 민박〉처럼 연예인과 일반인이 혼재되어 등장하는 관찰 예능 등은 일상을 공유한다는 점에서 비슷한 양상을 보이며, 최

근 대중적 인기를 얻는 이유가 같다. 날이 갈수록 관찰 예능, 일상 V로그 같은 콘텐츠가 인기를 구가하는 이유는 실재하는 주제를 다루고 비교적 흔히 접할 수 있는 일상을 보여주며 시청자 지향적인 방향으로 발전했기 때문이다.

단지 관찰 예능과 V로그의 차이점은 V로거는 연예인이 아닌 우리 주변의 평범한 사람 누구나가 될 수 있다는 점이다. 연예인들이 관찰 예능과 같은 리얼리티 방송 프로그램을 통해 대중들과 공감하고 친밀도를 올리듯, V로그에 등장하는 인물들은 자신들의 일상과 경험을 공유함으로써 공감을 불러일으키고, 친밀한 감정을 느끼게 한다. 즉 개인의 일상이 모두의 일상으로 소통된다.

시청자들은 V로거 혹은 타 시청자들과 대인관계를 형성하고, 자신과 다를 바 없는 평범한 일상을 시청하며 위안, 안도감 같은 감정적 공감을 얻게 된다. 다시 말해 이상적인 삶에 대한 소망이나 미처 접해보지 못한 특별한 경험에 막연히 동경을 가지고 간접경험을 하기 위해서라기보다 현실적인 위안을 얻고 비교적 가까운 이상향을 꿈꾸게 한다는 점이 V로그 인기의 중요한 요소로 작용했다.

유튜브 V로그를 텔레비전 관찰 예능과 비교해보았을 때, 스타가 출연하며 연출이 가미된 텔레비전 영상에 비해 유튜브에서 보는 일상 영상은 더욱 진솔하고 보다 즉각적이며 활발한 소통이 용이하다는 장점이 있다. 또한 텔레비전에서 보이는 연예인의 삶이 진솔하지만은 않은 연출에 의한 모습이라는 의심에서 벗어나지 못하는 것과 달리 V로그는 실제를 공유한다는 점에서 더욱 시청자들에게 공감을 일으키고 호기심을 자극한다. 유튜브 V로그 콘텐츠에 많은 이용자가 유입되는 현상은 사실적이고 친근한 콘텐츠, 소통을 원하는 대중의 심리가 반영되었기 때문이다.

V로그에는 위안뿐 아니라 정보 공유도 있다. 과거 인쇄물부터 웹페이지까지, 사람들은 문자 매체를 통해 정보를 획득했다. 하지만 이제 영상으로 정보 전달 매체가 확대되었으며, 제작자는 경험을 통해 얻은 팁과 정보를 영상에 담아 시청자와 공유한다. 개인 경험을 포함한 정보는 시청자들에게 다양한 영향을 미친다. V로그를 통해 소통하는 한 개인의 일상이 다른 이들의 일상에 영향을 미치는 것이다. 그렇게 인플루언서(**Influencer**)가 탄생한다.

인플루언서의 등장과
V로그의 영향력

★

인플루언서란 타인에게 영향력을 끼치는 사람(**Influence+er**)이라는 뜻의 신조어로 인스타그램, 유튜브 등 소셜네트워크 서비스(**SNS**)에서 수

십만 명의 구독자(팔로어)를 보유한 '유명인'을 말한다. 인플루언서 한 사람에게서 나온 정보는 최종적으로 많은 사람에게 영향을 준다. 이들은 인터넷망의 확장과 디지털 디바이스의 발달이라는 온라인의 새로운 흐름에 따라 막대한 영향력을 발휘한다.

인플루언서라 지칭되는 이들의 콘텐츠가 모두 V로그는 아니며, 유튜브 크리에이터에 한정되는 것 또한 아니다. 정확히 말하면 소셜네트워크 서비스를 통해 영향력을 행사할 수 있는 누구나 인플루언서다. 그렇기 때문에 대중에게 주목 받고 영향을 끼치는 사람을 지칭하는 유명인(有名人) 또는 셀러브리티(Celebrity), 셀렙(Celeb)과 인플루언서에 큰 차이는 없어 보인다. 그러나 굳이 기존에 있던 셀러브리티가 아닌 인플루언서라는 말이 대두된 것은 셀러브리티가 주로 부(흔히 명성과 부를 가진 사람들)를 가진 사람이나 특정 분야에서 엄청난 인기와 영향을 끼치는 사람을 뜻하는데 반해, 인플루언서는 1인 미디어를 근간으로 하여 탄생했기 때문이다. 즉 자신의 채널을 통해 구독자들과 소통하고 신뢰를 구축해 영향력 있는 콘텐츠를 생산하는 일반인이다.

다시 돌아와서 인플루언서와 V로그는 어떤 상관관계가 있을까? 앞서 말했다시피, 인플루언서는 단지 V로그를 하는 이들을 지칭하는 것은 아니다. 자신의 미디어 채널을 통해 대중들에게 영향력을 행사하는 이들이다. 이는 다양한 분야의 콘텐츠 생산자들이 인플루언서가 될 수 있다는 의미다. 그런데 왜 굳이 V로그에서 인플루언서 이야기를 하는가? 그것은 V로그 또한 특정 콘텐츠를 의미하는 형식이 아니기 때문이다. 정확히 말하면 V로그는 앞서 살펴본 특정 콘텐츠를 생산하는 모든 채널이 활용하는 방식이다. 즉 특정 콘텐츠를 넘어서는 하나의 양식에 가깝다. 바로 '개인적인 일상과 체험을 공유하고 기록한다'는 점이다.

인플루언서는 V로그 형식을 통해 관심을 가지거나 잘 알고 있는 또는 처음 경험하는 주제를 개개인만의 표현 방법으로 버무려 콘텐츠를 제작한다. 여기서 인플루언서는 솔직한 의견뿐 아니라 표정, 말투, 행동을 통해 내적인 감정까지 드러내 시청자들과 친밀감과 유대감을 형성하고, V로그를 접한 시청자들은 이를 광고가 아닌 정보로서 인식한다.

그렇기 때문에 V로그와 인플루언서의 관계는 떼려야 뗄 수 없다. V로그에서는 콘텐츠의 질 이상으로 일상의 경험 주체인 인플루언서의 영향력이 중요하기 때문이다. 예를 들어 대량으로 구매한 물건을 품평하는 내용을 담은 하울(haul) 영상에서는 어떤 제품을 구매했는지와 더불어 누가 구매하였는지도 중요하다. 물론 하울 영상은 언박싱과 같은 리뷰 영상으로 볼 수 있지만, 누군가의 쇼핑을 담은 V로그 영상이기도 하다. 그렇기에 언제나 영상에서 '누가'라는 주체를 부각시킨다. 이러한 점이 인플루언서와 V로그의 관계, 기존 콘텐츠와 V로그의 관계를 잘 드러내준다.

유튜버들은 대부분 자신들만의 콘텐츠를 생산하고 이를 기반으로 인플루언서가 되었다. 유튜브의 V로그를 좀 더 깊이 이해하기 위해 먼저 어떤 V로그들이 있는지, 현재 V로그 트렌드가 무엇인지 살펴보자.

수용자 관점에서 살펴본
V로그

★

V로그의 중심은 일상의 기록과 공유다. 유튜버에 따라 다양한 콘텐츠가 만들어지며, V로그를 전문으로 하지 않더라도 다양한 유튜버(**인플루언서**)가 V로그를 활용한다. 그렇기 때문에 V로그는 수용자 관점에서 정리하는 것이 효과적으로 보인다. 수용자 관점에서 V로그의 세 가지 구성요소인 정보 전달, 진정성, 공감으로 분류해본다.

정보 전달 V로그

수용자들은 보통 메이크업, 요리, 패션 등 인플루언서가 평소 관심을 가지는 분야에 대한 설명과 리뷰 콘텐츠를 정보 습득을 위해 시청한다. 그렇기 때문에 자신이 원하는 구체적인 키워드를 검색해 콘텐츠를 선택한다. 그리고 V로그에서 원하는 정보를 자세하고 가감 없이 전달한다고 느꼈을 때 그 콘텐츠를 신뢰하고 시청한다. 이러한 목적을 가진 시청자들은 광고와 협찬에 민감하게 반응한다.

간접경험 V로그

수용자들이 쉽게 경험할 수 없는 일상과 경험을 콘텐츠로 삼은 V로그를 시청한다. 대량의 물건을 사는 하울, 외국생활을 하는 이민자와 유학생의 하루, 여행, 캠핑 등 콘텐츠 생산자에게는 평범하지만 수용자에게는 낯선 일상을 간접경험하기를 원한다. 수용자들의 호기심을 충족시켜줄 뿐만 아니라 진정성이 드러나는 일상을 공유함으로써 공감을 불러일으킨다. 수용자들은 특정 키워드 검색보다는 넓은 범위를 검색한다. 또 콘텐츠가 보여주는 진정성에 민감하게 반응한다.

공감과 소통의 기쁨을 위한 V로그

그저 자신의 관심사 혹은 좋아하는 것에 공감을 받기 위해 V로그를 보기도 한다. 다시 말해 자신이 경험하지 못하는 것을 V로그를 통해 경험하길 원하는 것과는 반대로, 자신이 경험한 것 혹은 생각에 대해 타인의 경험과 반응을 살펴보고, 감정을 공유하길 원하는 것이다. 이러한 V로그는 대체로 외국인이나 연예인이 경험하는 평범한 일상이나 리액션 콘텐츠들로, 그 외 길거리 인터뷰, 다큐멘터리 형식의 V로그 등이 포함된다. 수용자들은 관심 키워드를 중심으로 검색하고 특정 V로거를 구독해 시청하는 경우가 많다. 수용자들은 유튜버들이 일상에서 보여주는 경험과 반응들에 민감하게 반응하며, 평범한 일상을 다룰수록 선호하는 편이다.

수용자에 따라 V로그 시청 목적과 콘텐츠 선호는 다르지만, 사실 콘텐츠가 이런 분류에 맞춰 명확하게 구분되는 것은 아니다. 대체로 다양한 요소가 혼재되어 있으며, 그에 따라 목적이 다른 수용자가 같은 V로그를 시청하는 일도 빈번하다. 그렇기에 이를 V로그의 장르적 구분으로 이해하기보다는 중심 요소인 진정성, 공감과 일상에 대한 공유가 정보 습득, 간접 경험, 공감과 소통이라는 수용 목적에 따라 어떻게 차이가 나는지 알아보는 정도로 받아들여야 한다. 무엇보다 유튜브에서 V로거로 활동하고 싶다면 어떠한 요소에 중심을 둘지, 자신의 일상과 전문성이 어떤 수용 목적을 가진 수용자들에게 적합한지에 대한 재고가 선행되어야 한다.

V로거가
되기 위한 고민들

★

앞선 논의에 이어 좀 더 V로거가 되기 위한 밑준비를 고민해보자. 이는

V로거에 관한 이해와 논의들을 한층 더 깊게 하는 데 도움을 줄 것이다. 아일랜드 런던데리에 본사를 둔 사진·동영상 제작 교육 웹사이트 '인게이지라이브(EngageLive)'가 정리, 자사 홈페이지에 공개한 '초보 V로거가 유념해야 할 V로거로 성공하기 9계명'과 1,800만 명 육아 V로그 채널을 운영하는 유튜버 조너선 사콘졸리스(Jonathan SacconeJolys)가 올 초 영국 온라인 뉴스 매체 〈인디펜던트(Independent)〉와의 인터뷰에서 조언한 것을 이정표로 삼을 수 있다.

초보 V로거가 유념해야 할 V로거로 성공하기 9계명

1. 유명 V로거를 관찰, 인기 비결을 연구하라

2. 콘텐츠 주제는 평소 열정을 갖고 있던 걸로 정하라

3. 카메라와 삼각대 투자엔 비용을 아끼지 마라

4. 적당한 촬영 장소를 물색하라

5. 긴장을 풀고 있는 그대로 촬영에 임하라

6. 동영상 길이를 억지로 늘리려 하지 말고 마음속에 있는 말만 한 후 촬영을 끝내라

7. 온라인에 영상을 올린 후엔 다른 V로거와 관계 유지에 신경 써라

8. 태그는 사람들의 관심을 끌 만한 키워드를 고심해서 선택하라

9. 한 편을 업로드한 후엔 곧바로 다음 편 제작에 착수하라

〈출처: EngageLive, "The Guide to Becoming a Vlogger in 2018", 2018.〉

사콘졸리스의 V로거를 위한 다섯 가지 조언

1. 자신과 수준이나 접근방식이 유사한 V로거를 찾아 협업하라

2. 과장하거나 우스꽝스러운 콘텐츠는 지양하고 자신을 있는 그대로

   표현해라

3. 기업에서 간접광고 제의가 들어오면 실제 그 제품을 오래 써보고

   익숙해진 후 반영해라

4. 목표는 확실할수록 좋다

5. 업무량이 아무리 늘어도 최종 편집은 손수 해라

〈출처: Olivia Petter, "How to become a successful vlogger: The eight golden rules",

Independent, 2018.〉

이 조언은 크게 세 가지 키워드로 이해해볼 수 있다.

첫 번째는 '자연스러움'이다. 진정성으로도 표현할 수 있지만, 넓게

자연스러움이라고 이해하는 것이 정확하다. V로거가 자신의 일상을 진정성 있게 보이며, 이러한 모습이 자연스럽게 나타나야 한다는 것이다. V로그는 개인의 일상을 담고 공유하는 것이 중요하다. 그렇기 때문에 지나친 연출이나 기획보다는 꾸밈없는 일상을 보여주어야 한다. V로그를 만드는 데 부담감을 버려야 하고 V로그의 첫 번째 목적이 수익이 되어서는 안 된다. 그보다는 사람들과의 자연스러운 소통을 목적으로 해야 한다. 애드센스를 목적으로 콘텐츠 양을 억지로 늘리거나 광고 및 협찬을 받으려 하기보다는 구독자들과 자연스러운 관계를 형성하도록 노력한다.

두 번째 키워드는 다른 V로거 간의 '협업(컬래버레이션)'이다. 다른 V로거들의 콘텐츠를 참고하는 것부터 해서 서로 관계를 형성하는 것이 중요하다. 이를 통해 트렌드 분석이 가능하고 자신의 채널을 홍보하며, 커뮤니티를 형성할 수 있다. 특히 유사 성향의 V로거들 간의 협업은 여러 V로거들과 그들의 구독자들이 하나의 커뮤니티를 형성해 친밀감과 신뢰도를 높이도록 한다. 사콘졸리스는 V로그 초창기 시절 많은 협업과 도움을 통해 채널을 성장시켰다. 사콘졸리스 또한 인플루언서로서 영향을 발휘하게 되었고, 이는 다시 협업했던 채널에 시너지를 불러일으켰다. 쉬운 말로 친구의 친구는 친구가 되었고, 이들이 모여 하나의 커뮤니티를 형성한 것이다. 결국 시너지 효과로 더욱 강한 영향력을 행사하게 되었다.

세 번째 키워드를 뽑자면, V로그는 '페넌트 레이스(pennant race)란

218

점이다. 스포츠에서 주로 사용하는 단어지만 여기서는 단번의 승리가 아 닌 계속적으로 승리를 쌓아올려야 한다는 의미로 이해하자. 다시 말해 V로그는 한 번 콘텐츠를 제작하고 끝내는 것이 아닌, 채널 그 자체를 관리 하고 콘텐츠를 쌓아가는 것이 중요하다. 지속적인 콘텐츠 업로드와 더불 어 콘텐츠 제작 이후 사후 관리도 철저히 해야 한다. V로그는 한 편의 영 화를 제작하는 것이 아니라 나의 일상을 기록하고 지속적으로 소통하는 것이기 때문이다.

다양한
V로그 채널

★

V로그는 단순히 일상을 공유하는 것을 넘어 자신의 관심사를 중심으로 사 람들과 소통하는 만큼 더욱 다양한 방식으로 분화하게 된다. V로그 채널 들을 특징별로 분류해보고, 대표 채널들을 소개한다. 물론 모든 사례를 보 여준다고는 할 수 없지만 현재 V로그 채널이 어떠한 콘텐츠로 운영되며, 어떠한 트렌드를 가지는지 살펴볼 수 있다.

직업 중심

인간이 살아가면서 가장 많이 하는 것은 무엇일까? 바로 '일'이다. 먹고사는 일, 잘 먹고 잘 싸는 것 또한 일이다. 우리는 일하지 않고 살 수가 없다. 그리고 자본주의 사회의 우리는 먹고살아가기 위해 생산적인 활동, 즉 돈을 벌기 위한 수단으로 전문적인 직업을 갖게 된다. 이러한 이유로 V로그에는 직업을 중심으로 일상을 공유하는 게 많다. 직업 V로그는 전문성까지 갖추므로 훌륭한 정보 전달 콘텐츠가 되어 수용자들의 정보 니즈도 충족시킬 수 있다. 또한 우리는 잘 알지 못하는 직업에 큰 호기심을 갖는다. 이는 전통적으로 세계 모든 나라에 직업 관련 프로그램이 있는 이유를 설명해준다. 2008년부터 약 10년 넘게 꾸준한 사랑을 받는 EBS 〈극한 직업〉처럼 말이다.

유튜브에는 전문가가 자신의 전문적인 영역을 설명하고 조언하는 콘텐츠가 흔하다. 이는 직업 중심의 V로그라고 보기에는 어렵다. 직업 중심의 V로그는 자신의 직장생활과 업무를 기록하고 공유한다. 예를 들어 에어컨 공장에서 나사 조립을 하는 사람이 V로그를 찍는다면, 다른 설명 없이 반복 작업을 찍어 공유할 수 있다. 직업 V로그는 자영업자들이 적극 활용하는데, 아무래도 영상을 찍고 다양한 콘텐츠를 만드는 데 어려움이 적기 때문이다. 대표 유튜브 채널로 〈허수아비〉를 뽑을 수 있다.

38만 명의 구독자를 가진 채널로 컴퓨터 매장을 운영하는 아저씨의 일상을 담고 있다. 매장을 방문하는 사람들의 컴퓨터를 수리하고, 그와 관

220

던된 정보를 공유한다. 구독자들도 심심찮게 찾아와 컴퓨터 수리 및 조립을 맡기며, 종종 매장을 찾아오는 들고양이 이야기, 컴퓨터 관련 제품 리뷰 등 다양한 일상을 공유한다.

두 번째 〈잡큐멘터리〉는 2018년 9월에 첫 동영상을 올린 따끈따끈한 유튜브 채널이다. 현재 11만 명의 구독자를 보유하고 있는데, 연예인이나 셀럽이 아닌 일반인이 개설한 채널치고 빠르게 성장하는 중이다. 주요 콘텐츠는 채널 이름에서 알 수 있듯이 '리얼 직업 체험 다큐멘터리'다.

유튜버는 과수원, 독서실, 스크린골프, 붕어빵 등 다양한 직업세계를 경험하고, 일련의 과정을 영상으로 기록했다. 과장이나 연출 없이 담담히 체험을 보여주고 소감을 과감 없이 밝혔다. 〈잡큐멘터리〉는 〈허수아비〉와 같은 전문성 없이 다양한 직업 기록이 특징이다. 일정 기간 특정 직업을 구하는 것부터 해서 적응하고 배워나간다. 마지막으로 후기를 남기고 또 다른 직업을 구한다. 기획 다큐멘터리 형식으로 한 명의 유튜버가 출연하는 〈극한직업〉의 연속이다.

유학·여행·전원·귀농, 호기심을 자극하는 특별한 일상

유학생의 하루, 새로운 나라에서의 일상, 자연을 벗삼은 전원생활과 귀농 등은 언제나 수용자의 호기심을 자극한다. 대다수 수용자에게는 비일상적인 로망을 담고 있기 때문이다. 빡빡한 도시를 벗어나 소담한 이층집 전원생활, 현실적인 어려움으로 시도하기 어려운 유학생활 같은 자신이 꿈꾸는 일상을 보내는 V로거를 통해 현실적인 정보를 얻고 간접경험을 한다. 이러한 콘텐츠가 재밌는 점은 〈삼시세끼〉 같은 TV 프로그램처럼 콘텐츠 수용자에게는 대다수 비일상적인 콘텐츠이지만, V로거에게는 지극히 현실적인 일상을 담고 있다는 것이다. 그렇기 때문에 비일상의 판타지가 아닌 일상이 가지는 현실적 조언들을 담고 있다.

한국에서 전원생활을 콘텐츠로 삼는 유튜브 채널은 많지 않은 편이다. 전원 생활을 하는 세대와 관심을 가지는 이들이 유튜브에 친숙하지 않은 경우가 많기 때문이다. 그래도 구독자 7만 명가량의 〈바닷가 전원주택〉을 소개해볼 수 있다.

채널 〈바닷가 전원주택〉은 한 아이의 아버지인 40대 남성이 바닷가에서 전원주택 생활을 하면서 겪는 일상을 소개한다. 2017년 3월부터 콘텐츠를 올리기 시작해 그리 오래 되지는 않았지만 도시인들이 전원주택에 가지는 로망들을 실현하고, 이를 통해 현실적인 고충들을 보여주면서 천천히 성장하고 있다.

| 사진 2 | 〈바닷가 전원주택〉은 전원생활 일상을 담고 있다

　　〈코이티비〉는 현재 약 64만 명의 구독자를 가진 채널로 2017년 3월에 본격적으로 시작했는데 베트남에서의 일상, 물가, 음식 등을 소개하면서 급속히 성장하고 있다. 초기 '베트남에서 00만 원어치 사기'로 한국과 비교되는 여러 상황을 보여주면서 인기를 끌었다. 현재는 채널 운영 유튜버뿐만 아니라 그의 베트남 친구들이 인기를 끌면서 좀 더 친밀한 일상을 보여준다.

반려동물과 육아

　　과거 홈비디오가 유행했을 때 주된 주인공은 누구였을까? 바로 각 가정의 '아이들'이었다. 부모 입장에서 아이들의 어릴 적 모습을 영상으로 기

| 사진 3 | 〈코이티비〉의 콘텐츠들

록하는 것은 의미가 깊었다. 거기다 아이들의 천진난만한 모습은 보는 이
들로 하여금 언제나 흐뭇함을 느끼게 한다.

　　이러한 부분은 V로그 시대에도 변함이 없다. 아이들은 언제나 보는
이들의 눈길을 끌고 공감을 불러일으킨다. 사람의 삶에서 어릴 적 기억
과 육아 고민은 떼어놓기 힘든 소재다. 앞서 우리들에게 조언을 해준 유
튜버 조너선 사콘졸리스 또한 1,800만 명의 구독자를 가진 육아 V로거다.
유튜브 육아 V로그는 아이들의 일상을 기록하고 공유한다. 아이들의 모
습 그 자체가 하나의 콘텐츠인 것이다. KBS 〈슈퍼맨이 돌아왔다〉처럼 말이다.

　　한국에서 유명한 육아 채널로는 2016년 12월 시작한 〈뚜아뚜지TV〉
가 있다. 현재 62만 명의 구독자를 거느린 채널로, 수아와 수지라는 쌍둥

| 사진 4 | 육아 채널 〈뚜아뚜지 TV〉

이 아이를 대상으로 실험카메라, 패러디 영상과 더불어 '뚜아뚜지 재밌는 일상 V로그'로 다양한 일상을 보여준다.

〈뚜아뚜지TV〉의 주인공은 아이들이다. 실제 육아 주인공은 부모가 중심이 되어야 하나 그러한 V로그는 크게 인기를 끌지 못하는 것으로 보인다. 육아 관련 형식은 V로그보다는 단순 정보 전달 콘텐츠로 제작되는 경우가 많으며, 한국에서 부모를 주인공으로 한 육아 중 다수의 구독자를 보유한 경우는 이미 인플루언서 혹은 셀러브리티였을 때뿐이다.

아이들의 천진난만한 모습 그 자체가 콘텐츠가 되는 것처럼, 동물들의 모습 또한 그 자체로 콘텐츠가 된다. 핑크 곰 젤리 발바닥, 땡그래진 눈동자, 분홍코, 이해할 수 없지만 귀여운 모습들. 사람들의 시선을 사로잡을 요소들을 한가득 가진 존재들이 바로 사랑스러운 반려동물들이다. 현재 한국에서는 약 1,000만 명이 반려동물과 함께 생활하는 것으로 추정되며, 반려동물 시장은 2020년까지 6조 원가량으로 성장할 것으로 보인다.

이러한 성장과 함께 유튜브에서는 동물을 중심으로 한 다양한 채널들이 만들어졌다. 특히 1인 가구와 경제적·신체적으로 반려동물을 들이기 쉽지 않은 가정이 늘어나는 만큼 동물 V로그를 통해 간접체험을 하려는 이들이 많아졌다.

그들은 스스로를 '랜선집사'라 부르며 행복하게 사는 반려동물들을 V로그를 통해 보고 대리만족하고, 미래에 반려동물을 맞이하기 위한 정보를 얻고자 한다. 약 20년째 SBS의 〈동물농장〉이 인기를 끄는 것처럼 반려동물에 대한 관심은 꾸준한 편이다. 이 때문에 강아지, 고양이뿐만 아니라 다람쥐, 파충류 등 다양한 반려동물들의 생활이 유튜브에서 소개되고 있다.

이 중 〈크림히어로즈〉는 2017년 개설되어 현재 240만 명의 구독자를 거느린 거대 채널이다. 일곱 마리 고양이의 일상과 그들을 모시고 사는 집사의 내레이션이 함께하는데 고양이들은 유튜버가 물통으로 만든 미로를 한순간에 무너뜨리면서 돌진하기도 하고, 에어프라이기로 정성스럽게 구운 닭고기를 먹지 않아 울상을 짓게 만들기도 한다.

새 장난감에 대한 반응은 언제나 복불복이다. 그러나 츄르를 먹기 위해 어리광을 부리거나, 일곱 마리 고양이들의 성격과 취향에 따라 보이는 행동들은 보는 이가 사랑에 빠질 수밖에 없게 만든다. 간간히 영상에서 고양이에게 말을 거는 유튜버의 목소리는 고양이와 랜선집사의 거리를 더욱 가깝게 만든다.

226

인플루언서의
V로그와 한류

★

앞서 말한 바 있듯이, V로그에서 인플루언서는 중요한 위치를 차지한다. 우리는 평범한 사람의 일상에 관심을 가지지만, 자신이 좋아하는 사람 혹은 자신보다 조금 특별한 사람의 일상에 더더욱 관심을 가지기 때문이다. 그렇기에 많은 연예인이 자신의 이미지를 제고하기 위해 V로그를 시작하고, 다양한 콘텐츠를 통해 영향력을 키운 인플루언서들이 새롭게 V로그를 시작하기도 한다. V로그를 통해 인플루언서가 되는 경우노 있지만, 기존의 인플루언서가 자신의 일상을 공유하며 V로그를 시작하는 경우 또한 많다.

대표적으로 210만 명의 구독자를 보유한 뷰티 유튜버 〈이사배 RISABAE〉와 320만 명의 구독자를 보유한 먹방 유튜버 〈밴쯔〉를 예로 들 수 있다. 이사배는 메이크업 영상을 주로 올리는 뷰티 크리에이터이지만, 가끔 특별 행사에 초대될 경우 이를 V로그 형태로 촬영하여 공개하며, 밴쯔는 먹방 콘텐츠를 다루는 메인 채널과는 별도로 〈만수의 일상〉이라는 V로그 채널을 개설해 본격적으로 자신의 일상을 공유하고 있다.

인플루언서의 V로그는 단순히 일상 공유에 그치는 것이 아니라, 한국을 세계적으로 알리는 한류 창구로도 작용한다.

지극히 (현대의) 한국적이고, 지극히 일상적인 유튜브 콘텐츠는 스타성에 가려질 수 있는 친근함과 편안함을 제공한다. 그저 키워드나 주제로 대표되는 유튜브 크리에이터의 인간미 넘치는 모습은 공간을 배경으로 또 다른 문화적 자극을 수행하게 된다는 것이다. 한국의 먹방을 대표하는 크리에이터 밴쯔도 평범한 일상을 살아간다는 사실과, 그 삶이 펼쳐지는 한국은 더 이상 이상향에 머무르지 않음을 보여준다. 마찬가지로 한국의 메이크업을 대표하는 크리에이터 이사배가 살아가는 모습은 한국 메이크업과 뷰티에 대한 이해와 함께 아름다운 한국, 한국 사람들에 대한 매력에 자극을 제공하기에 이른다. 한국에 대한 맹목적인 동경을 직접 경험하고 싶은 매력적인 공간으로 인식시키는 것이다.

이러한 힘은 영향력이 강한 V로거라면 누구나 가질 수 있다. V로그는 개인의 일상을 공유하기 때문에, V로그에 등장하는 배경, 환경, 체험들은 새로운 콘텐츠로 작용한다. 드라마 〈별에서 온 그대〉가 중국에서 공전의 히트를 친 후, 주인공 도민준이 다니는 대학이 관광 코스가 되고 한국식 치맥이 큰 인기를 끈 것처럼 말이다. 심지어 V로그는 언제나 현실성을 담고 있기에, 그 영향력은 더욱 직접적이고 사실적이다.

228

◆ 참고 자료 ◆

〈K-팝의 태동과 성장〉

1 이규탁, 〈K-팝의 세계화와 디지털화-유튜브 반응 동영상과 커버댄스 경연대회-〉, 《한류비즈니스연구》, Vol.1, 2014.

2 신성환, 〈디지털 호모 루덴스, 놀이하는 삶과 문화적 혁신〉, 《한국언어문화학회》, Vol.8, 2009.

〈유튜브 날개를 단 방탄소년단〉

1 헨리 젠킨스, 《팬, 블로거, 게이머》, 정현진 역, 비즈앤비즈, 2008.

2 하나금융투자, 〈K-Pop Invasion〉, 2018.

3 현대경제연구원, 〈방탄소년단(BTS)의 경제적 효과〉, 2018.

4 http://star.mk.co.kr/new/view.php?mc=ST&year=2017&no=626163

〈우리 모두의 아기상어, 어디쯤 헤엄치고 있는가〉

1 Bryan Harris. "Baby Sharks' phenomenon sends Smart Study soaring" Financial Times, AUGUST 30, 2018.

2 리처드코치·그렉록우드, 《낯선 사람 효과》, 박세연 역, 흐름출판, 2012.

〈K-드라마는 유튜브를 타고 유통된다〉

1 전경란, 《디지털내러티브》, 커뮤니케이션북스, 2017.

2 진달용, 《신한류: 소셜미디어 시대의 초국가적 문화 권력》, 한울아카데미, 2017.

3 박장순, 〈신(新)한류시대의 메인스트림 K-pop의 확산에 관한 연구: K-pop의 밈이론적 해석과 한류사 시대구분을 중심으로〉, 《통번역학연구》 16(4), 한국외국어대학

교 통번역연구소, 2012.

4 황낙건, 〈반(反)한류 정책이 중국 내 한류에 미치는 영향-한국 TV드라마를 중심으로〉, 《한국엔터테인먼트산업학회논문지》 12(6), 한국엔터테인먼트산업학회, 2018.

5 황순희, 〈신한류의 문화사회학 - 한국 대중문화의 일본적 소비방식의 구조와 실천〉, 《일본연구》 제18집, 고려대학교 글로벌일본연구원, 2012.

〈K-뷰티, 화장품 산업의 첨병이 되다〉

1 이선정·이수범, 〈유튜브 상에서의 K-뷰티 한류 콘텐츠 확산 전략 연구〉, 《GRI 연구논총》 20(3), 경기연구원, 2018.

2 한국국제문화교류진흥원, 《2018 해외한류실태조사》, 2018.

3 대한민국정책기자단, "K-뷰티, 한류의 중심으로 우뚝 서다", 2018년 4월 6일.

4 《연합뉴스》, "아마존, K뷰티·패션 '한류 킬러콘텐츠' 입점 늘린다", 2018년 11월 6일.

5 《아주경제》, "[창간 스페셜] K뷰티·푸드·패션… 국경 없는 유통 한류", 2018년 11월 15일.

〈먹방, 한국이 만들어낸 새로운 유튜브 장르〉

1 윤석진, 〈예술 속으로: 가족 드라마는 말한다 '밥'은 우리의 힘이라고!〉, 《식품문화 한맛한얼》 제2권 2호, 2009.

2 쟝-피에르 바르니에, 《문화의 세계화》, 주형일 역, 한울, 2000.

3 류철균, 한혜원 외, 《트랜스미디어와 스토리텔링의 이해》, 이화여자대학교출판부, 2015.

〈유튜브와 게임의 세계관〉

1 매드무비는 외국에선 montage라고 하는데 어떤 사람의 활약상을 영상에 담은 것이다. 원작자의 음성, 게임, 그림, 동영상, 애니메이션 등을 개인이 편집, 합성, 재생산한 미디어를 의미한다. 컴퓨터와 CG소프트가 보급된 21세기 초반에는 '손그림 MAD(자신이 일러스트를 직접 그린 2차 저작물 동영상)'라는 용어가 등장하는 등 의미가 확장되었다. 주로 팬 활동의 일환으로 여겨진다. '매드'란 영어 made의 일본식 발음 メード 또는 mad의 일본식 발음 マッド에서 유래했다고 알려져 있다.

2 허재민, 〈[GDC2018] "스트리머는 마케팅 툴이 아니다" 배틀그라운드의 커뮤니티 전략〉, 인벤, 2018. 03. 24. http://www.inven.co.kr/webzine/news/?news=196432& site=battlegrounds

3 이정엽, 《인디 게임》, 커뮤니케이션북스, 2015.

〈일상을 공유하는 V로그〉

1 사람들의 비디오 다이어리는 BBC TV에 게시되었으며 2001년부터 2011년까지 BBC 웹 사이트에 업로드되었다. 원래 이 프로젝트는 BBC 2 방송을 위해 제작된 커뮤니티 프로그램 유닛이었지만, 제레미 깁슨(Jeremy Gibson)과 토니 스테이저(Tony Steyger)가 영국의 일상생활을 기록하는 것을 목표로 한 대중-관찰 아카이브(Mass-Observation Archive)에서 영감을 받아 '일상생활의 인류학'이란 개념으로 만들어졌다.

2 이가영, 〈유튜브 일상 콘텐츠(V-LOG)에 대한 밀착된 시청이 만족도에 미치는 영향: 의사사회 상호작용 및 사회적 실재감을 중심으로〉, 이화여자대학원 커뮤니테이션·미디어학과 석사학위논문, 2018.

3 조장환·박보람, 〈인플루언서를 활용한 Vlog 마케팅 효과 연구〉, 한국디자인학회 학술발표대회 논문집, 2018.

4 하울은 주로 특정 제품, 브랜드를 다량 구매한 후 제작자 나름의 방식으로 품평하며 솔직한 사용 후기를 다수와 공유하는 것이다. 대상이 되는 카테고리 뒤에 '하울'을 붙여 '럭셔리 하울', '화장품 하울', '인터넷 쇼핑 하울' 등과 같이 사용된다. 일종의 '언박싱(unboxing)' 영상이 진화한 것으로 보기도 한다. 언박싱 영상은 2000년대 중반 스마트폰 등 전자제품을 주요 대상으로 해 포장을 풀고(unbox) 제품을 작동시켜보면서 장단점을 품평하는 콘텐츠를 지칭했다. 하울 영상은 기존 언박싱 영상과 유사하지만, 하나가 아니라 다량을 구매한 뒤 개봉 과정을 보여준다는 점에서 차이가 있다.

5 EngageLive, "The Guide to Becoming a Vlogger in 2018", 2018. https://engagelive.co/guide-becoming-vlogger-2018/

6 Olivia Petter, "How to become a successful vlogger: The eight golden rules", Independent, 2018. 1. 18. https://www.independent.co.uk/life-style/youtube-how-to-be-a-vlogger-rules-

success-a8097491.html

7 페넌트는 주로 프로야구·프로농구·프로축구 등에서 우승기를 놓고 겨루는 공식 경기를 말한다. 각 팀이 우승을 목표로 승률을 쌓아가는 장기리그전으로 연습·시범경기나 시즌이 끝난 후 펼치는 번외경기는 포함하지 않는다. 페넌트는 우승기를 말한다.

8 정민채(대중문화연구회), 〈랜선집사와 반려동물 콘텐츠 - 사랑할 준비가 되어 있는 모든 이들을 위하여〉,《유튜브로 인문학하기》, 레트레, 2018.

9 곽경태·김은경, 〈관찰예능 속에 담긴 일상, 집단적 의사소통의 장을 형성하다〉, 《예술인문사회융합멀티미디어논문지》, 제7권 7호, 2017.

10 윤영석·이현우, 〈개인 방송 플랫폼 기술〉,《정보와 통신》, 제33권 4호, 2016.

11 이가영, 〈유튜브 일상 콘텐츠(VLOG)에 대한 밀착된 시청이 만족도에 미치는 영향: 의사사회 상호작용 및 사회적 실재감을 중심으로〉, 이화여자대학원 커뮤니케이션·미디어학과 석사학위논문, 2018.

12 조장환·박보람, 〈인플루언서를 활용한 Vlog 마케팅 효과 연구〉, 한국디자인학회 학술발표대회 논문집, 2018.